AF549757

Dieses Journal gehört:

____

____

Das Journal der
Achtsamkeitsakademie

gedanken pause.

Dein Wegweiser in ein bewusstes Leben
voller Gelassenheit und Freude

arkana

Penguin Random House Verlagsgruppe FSC® N001967

1. Auflage
Originalausgabe

in der Penguin Random House Verlagsgruppe GmbH,
Neumarkter Straße 28, 81673 München
Lektorat: Diane Zilliges
Umschlagentwurf, Layout und Grafiken: Lena Zillner, Patricia Baierl
Umschlaggestaltung: ki 36 Editorial Design, München, Sabine Skrobek,
nach dem Entwurf von Lena Zillner und Patricia Baierl
Satz: Satzwerk Huber, Germering
Druck und Bindung: CPI books GmbH, Leck
Printed in EU
ISBN 978-3-442-34316-4

www.arkana-verlag.de

Inhalt

Journaling für ein rundum erfülltes Leben

Manchmal fühlen wir uns überwältigt von der Fülle an Gedanken, die um unsere Aufmerksamkeit ringen und von all den Gefühlen, die gefühlt werden wollen. In Zeiten, in denen uns alles zu viel wird, kann Schreiben ein Prozess des Loslassens sein.

Durch das Aufschreiben wirst du dir deiner Gefühle und Gedanken bewusst und machst sie greifbar. Du kannst dir das, was du aufgeschrieben hast, später noch einmal durchlesen und wirst merken, dass es dann schon viel einfacher ist, eine andere Perspektive einzunehmen und die Situation neu zu bewerten. Herausforderungen erscheinen dann nicht mehr so groß wie am Anfang und lösen weniger Stress in dir aus. So fällt es dir auch leichter, Lösungen für Situationen zu finden, die dir vorher vielleicht ausweglos erschienen sind.

Journal oder Tagebuch?

Für manche ist Journal vielleicht nur ein englisches Wort für Tagebuch – dabei sind tatsächlich zwei unterschiedliche Dinge damit gemeint. In einem Tagebuch werden vor allem Ereignisse des Tages festgehalten. Du schreibst auf, was du erlebt hast.

Ein Journal ist hingegen dazu da, dein Innenleben festzuhalten. Es geht nicht nur darum, was du erlebst, sondern hauptsächlich darum, wie du es erlebst. Dabei helfen dir zum Beispiel Impulsfragen, wie du sie auch in diesem Journal finden wirst.

Das kann regelmäßiges Journaling bewirken

Weniger Sorgen und Ängste

Sich ein bisschen Sorgen machen ist ganz okay. Es hilft uns dabei, Situationen richtig einzuschätzen und Probleme früh zu erkennen. Allerdings gilt das nur so lange, bis die Sorgen überhandnehmen und uns lahmlegen. Manchmal blasen sie sich zu einem riesigen Ballon auf, der unser ganzes Leben in seinen Schatten stellen kann. Indem du deine Gedanken in Worte fasst und zu Papier bringst, wirken sie gleich weniger bedrohlich auf dich – das ist sogar wissenschaftlich bestätigt.[1] Du kannst sozusagen etwas Luft aus diesem Ballon herauslassen. Die sorgenvollen Gedanken sind dann vielleicht nicht weg, aber sie nehmen viel weniger Platz in deinem Leben ein.

Du lernst dich selbst besser kennen

Das Schreiben kann dir dabei helfen, ein tieferes Verständnis für dich selbst zu entwickeln. Durch die Reflexionsfragen bringst du neue Klarheit in deine Gefühls- und Gedankenwelt. Du wirst dir zum Beispiel darüber bewusst, wie deine Gefühle mit deinem Handeln zusammenhängen, und verstehst, warum du manchmal so reagierst, wie du es tust. So entwickelst du dich persönlich weiter, erkennst deine Bedürfnisse und kannst besser für dich und andere da sein.[2]

Mehr Gelassenheit und Klarheit

Ein Journal ist eine wunderbare Möglichkeit, deine Gedanken und Gefühle neu zu ordnen und einen klaren Kopf zu bekommen. Durch das Aufschreiben gewinnst du Abstand zu belastenden und stressigen Situationen. Es fällt dir leichter, neue Perspektiven einzunehmen, Situationen in einem anderen Licht zu sehen und neue, kreative Lösungen für Probleme zu erkennen. Aber auch das Schreiben an sich kann entspannend wirken und den Stress von dir abfallen lassen.[3] Du kannst das noch unterstützen, indem du mit der Hand schreibst statt zu tippen.

Du stärkst deine Selbstwirksamkeit

Selbstwirksamkeit ist das motivierende Gefühl, das du hast, wenn du denkst: »Ich kann das schaffen!« Die Überzeugung, dass du selbst etwas in die Hand nehmen und dein Leben eigenständig gestalten kannst. Das Gegenteil wäre, dass du in der Opferrolle verbleibst und denkst, du bist deinem Schicksal hilflos ausgeliefert. Journaling kann deine Selbstwirksamkeit stärken. Du vertraust deinen eigenen Fähigkeiten und fühlst dich den Herausforderungen des Alltags gewachsen.[4]

Es macht glücklich

Im Journal kannst du dir nicht nur belastende Gefühle von der Seele schreiben, sondern auch positive Momente festhalten. Durch das Aufschreiben von schönen Dingen (zum Beispiel Momente, für die du dankbar bist) rufst du sie dir wieder bewusst ins Gedächtnis. Und das ist wichtig, denn unser Gehirn merkt sich stressige und schwierige Situationen viel leichter als schöne.[5]

Stell dir zum Beispiel vor, du kommst mit einer neuen Frisur zur Arbeit. Alle machen dir Komplimente und manche fragen direkt nach der Adresse deines Friseurs. Aber diese eine Kollegin sagt: »Die langen Haare standen dir aber besser.« Über diese eine negative Bemerkung wirst du vermutlich viel länger nachdenken als über die ganzen netten Worte, die du davor bekommen hast, oder? In der Fachsprache nennt man das *Negativitätsverzerrung*: Negative Erlebnisse und Gedanken beschäftigen uns stärker als positive und bleiben auch länger im Gedächtnis.

Du darfst deinem Gehirn also ruhig einmal auf die Sprünge helfen und dich bewusst an all die Dinge erinnern, die dein Leben schön machen. Am Anfang musst du dafür vielleicht ein bisschen länger nachdenken, aber mit etwas Übung wird es dir immer leichter fallen. Denn durch die Art von Journaling, die wir dir hier anbieten, schulst du deinen Blick für die schönen Dinge und richtest deinen Fokus immer mehr auf die positiven Seiten des Alltags, ganz automatisch.[6]

Schreiben oder Tippen?

Kaum jemand macht sich heute noch die Mühe, Notizen per Hand aufzuschreiben – dabei lohnt es sich, öfter mal zu Stift und Papier zu greifen! Per Hand zu schreiben ist zwar viel mühsamer als Tippen und zum Teil auch langsamer, das muss aber nichts Schlechtes sein. Weil wir länger brauchen, um zum Beispiel unsere Gedanken aufzuschreiben, überlegen wir uns viel genauer, was wir schreiben wollen. Das gibt unserem Gehirn die Zeit, schon während des Schreibprozesses Gedanken zu verarbeiten. Durch freies Kritzeln und Skizzieren findest du außerdem schneller in deinen Schreibfluss und kannst kreativer denken.

Das Prinzip

In unserem hektischen Alltag nehmen wir oft gar nicht wahr, was um uns herum passiert, sondern sind gedanklich bereits bei den nächsten Aufgaben oder Ereignissen. Achtsamkeit hilft dir, dich bewusst auf das Hier und Jetzt zu konzentrieren und den Fokus auf das Wesentliche zu lenken.

ACHTSAMKEIT ALS DEIN BEGLEITER

Achtsamkeit bedeutet, dass wir uns bewusst auf den gegenwärtigen Moment konzentrieren und ohne Urteil oder Wertung wahrnehmen, was um uns herum oder in unserem Inneren geschieht. Dadurch verbinden wir uns wieder mehr mit uns selbst und schärfen das Bewusstsein für unsere Gedanken, unsere Gefühle und für alles, was uns umgibt.

Vielleicht kannst du dir gar nicht wirklich vorstellen, wie es aussieht, seinen Alltag achtsam zu gestalten. Deshalb hier zwei Beispiele: Achtsamkeit kann heißen, du nimmst dir bewusst Zeit, um deine Mahlzeit zu genießen und dabei wirklich zu schmecken, was du isst. Du konzentrierst dich auf den Geschmack, die Konsistenz und das Aroma des Essens, ohne gleichzeitig am Handy zu scrollen oder nebenbei fernzusehen.

Oder du machst mitten im Trubel des Alltags bewusst eine Pause und konzentrierst dich für ein paar Augenblicke auf deinen Atem. Dabei spürst du, wie sich dein Brustkorb hebt und senkt, wie die Luft durch deine Nase in die Lunge strömt und wie sich dein Körper dadurch entspannt. Probiere das gern jetzt gleich einmal aus. Durch kleine Achtsamkeitsübungen wie diese kannst du bereits sehr viel in deinem Leben verändern.

Das kann Achtsamkeit bewirken

- Deine Konzentrationsfähigkeit steigt, weil du den Fokus nur auf das Hier und Jetzt legst.[7]
- Du schätzt die kleinen Dinge mehr und kannst den Augenblick genießen – dadurch verspürst du mehr Glücksgefühle.[8]
- Du lernst dich selbst besser kennen und verstehen, weil du dich immer wieder bewusst beobachtest.[9]
- Du baust eine starke Beziehung zu deinem Körper auf.[10]
- Du führst bessere Gespräche, weil es dir leichter fällt, andere zu verstehen und ihre Sichtweise nachzuvollziehen – somit kannst du tiefgründige Beziehungen zu Menschen aufbauen und fühlst dich mehr verbunden.[11]
- Es fällt dir leichter, Dinge zu akzeptieren, die du nicht ändern kannst.[12]
- Du erlebst mehr, ohne mehr zu machen – weil du alles bewusst wahrnimmst (du fragst dich abends nicht mehr, was du eigentlich die ganze Zeit getan hast) –, und dadurch verbessert sich auch deine Lebensqualität.[13]

5, 4, 3, 2, 1-Übung

Um sanft den Fokus auf dich zu richten und genau im Hier und Jetzt anzukommen, nimm dir kurz ein paar Minuten Zeit für diese Übung. Die 5, 4, 3, 2, 1-Übung ist eine Konzentrations- und Entspannungsübung, die alle deine Sinne anspricht:

- Beginne damit, fünf Dinge aufzuzählen (in Gedanken oder laut), die du sehen kannst.
- Anschließend benenne vier Dinge, die du hören kannst.
- Danach zähle drei Dinge auf, die du gerade spüren kannst.
- Weiter geht es mit zwei Dingen, die du riechen kannst.
- Und zu guter Letzt ein Ding, das du schmecken kannst.

Diese Übung schärft deine Wahrnehmung, du wirst achtsamer und dir fallen Dinge auf, die du vorher vielleicht nicht bemerkt hast. Du kannst sie öfter in deinen Alltag integrieren, wenn du gestresst oder unruhig bist, um wieder runter und zurück in den Moment zu kommen.

DAS RAD DES LEBENS

Im Strudel des Alltags kann es helfen, ab und an mal einen Schritt zurückzutreten und aus der Vogelperspektive auf das Leben zu schauen, um die eigene Richtung wiederzufinden. Genau dabei kann dich das sogenannte Rad des Lebens unterstützen, das ebenfalls eine Basis deines Journalings hier sein wird.

Im Lebensrad erstellst du eine Übersicht über die wichtigsten Bereiche deines Lebens und analysierst, wie zufrieden du in jedem Bereich bist. Es entsteht dabei gewissermaßen eine Momentaufnahme deines Lebens, so wie es gerade ist – ein Schnappschuss aus der Vogelperspektive. So erkennst du, worin du gerade viel deiner Zeit und Energie investierst, was dir wirklich wichtig ist und was du vielleicht ändern möchtest, um ein erfüllteres Leben zu führen. Das hilft dir dabei, deinen Fokus gezielt auf die Bereiche zu lenken, die gerade mehr Aufmerksamkeit benötigen.

Das Lebensrad kannst du auch bewusst dafür nutzen, um mehr Achtsamkeit in die verschiedenen Bereiche deines Lebens zu bringen – gerade in diejenigen, die vielleicht manchmal zu kurz kommen. So schaffst du ein gesundes Gleichgewicht zwischen beruflichen Aufgaben, sozialen Beziehungen, Selbstfürsorge und Freizeitaktivitäten, die dir Spaß machen.

Das Lebensrad kann dir außerdem dabei helfen:

- deine eigenen Prioritäten zu erkennen,
- einen klaren Fokus zu finden und dadurch weniger gestresst zu sein,
- Ausgleich und Erholungsphasen nur für dich selbst zu schaffen,
- dir mehr Zeit für die Dinge zu nehmen, die dich glücklich machen,
- soziale Kontakte mehr zu pflegen und harmonische Beziehungen zu führen.

Das Lebensrad ist also eine perfekte Möglichkeit, dein Leben zu reflektieren und bewusst zum Positiven zu verändern. Dafür musst du nur noch dein eigenes Rad des Lebens ausfüllen. Und das geht so:

Das Lebensrad besteht aus einem Kreis, der – in unserem Fall – in sechs Segmente unterteilt ist. Jedes Segment steht dabei symbolisch für einen Bereich, der wichtig für ein erfülltes Leben ist. Das Journal im Hauptteil dieses Buches begleitet dich dann durch diese sechs Bereiche.

Gesundheit & Körper

Dieser erste Bereich des Lebensrads umfasst deine körperliche und geistige Gesundheit und alles, was dazugehört. Im hektischen Alltag kommt die eigene Gesundheit oft viel zu kurz – den ganzen Tag im Büro oder in der Schule sitzen, keine Zeit zum Kochen und abends keine Energie mehr, sich zu bewegen … Wer kennt das nicht? Dabei ist deine Gesundheit die Grundlage für dein körperliches, geistiges und auch dein emotionales Wohlbefinden.

Wie steht es gerade um deine Gesundheit? Fühlst du dich fit und wohl in deiner Haut? Achtest du im Alltag bewusst auf eine gesunde Lebensweise? Und was bedeutet Gesundheit eigentlich für dich?

Markiere anhand dieser Fragen in deinem Lebensrad auf Seite 17, wie zufrieden du gerade im Bereich Gesundheit & Körper bist.

Familie

Familie kann auf ganz unterschiedliche Arten definiert werden und für jeden eine ganz individuelle Bedeutung haben. Es kann eine Gemeinschaft sein, ein Ort der Liebe und Zuneigung, ein Unterstützungssystem, aber es kann auch eine Verpflichtung sein.

Was bedeutet Familie für dich? Welchen Platz nimmt die Familie in deinem Leben ein? Wer ist für dich Familie?

Markiere anhand dieser Fragen in deinem Lebensrad auf Seite 17, wie zufrieden du gerade im Bereich Familie bist.

Bildung & Beruf

Egal, ob du einem Beruf nachgehst, studierst, den Haushalt managst oder zur Schule gehst: Einen Großteil deines Tages – und damit deines Lebens – verbringst du damit zu arbeiten, Geld zu verdienen oder dich aus- und weiterzubilden. Deshalb ist es wichtig, dass du eine Aufgabe findest, die dir Freude bereitet, dich erfüllt und mit deinen Werten übereinstimmt. Genauso essenziell ist es, ein gesundes Gleichgewicht aus Arbeit und Erholung zu schaffen. Denn wenn nur noch die

Arbeit im Fokus steht, leiden andere Lebensbereiche, wie zum Beispiel die eigene Gesundheit, deine Beziehungen oder die Zeit für dich selbst.

Wie zufrieden bist du gerade in deinem Beruf oder auf deinem Bildungsweg? Hast du das Richtige für dich schon gefunden? Was würdest du dir noch anders wünschen?

Markiere anhand dieser Fragen in deinem Lebensrad auf Seite 17, wie zufrieden du gerade im Bereich Bildung & Beruf bist.

Freizeit

Unsere Freizeit gibt uns die Möglichkeit, uns zu erholen, zu entspannen, unsere Interessen auszuleben und neue Erfahrungen zu sammeln. So schaffen wir einen gesunden Ausgleich zu den Verpflichtungen des Alltags und können im besten Fall abschalten. Wir können Freizeitaktivitäten auch dazu nutzen, um Beziehungen zu stärken und neue Menschen kennenzulernen.

Wie zufrieden bist du mit deiner Work-Life-Balance? Hast du aktuell eher viel oder wenig Freizeit? Womit verbringst du gerade den größten Teil deiner freien Zeit? Nutzt du deine Zeit gut? Würdest du dir für manche Hobbys mehr Zeit wünschen?

Markiere anhand dieser Fragen in deinem Lebensrad auf Seite 17, wie zufrieden du gerade im Bereich Freizeit bist.

Beziehung & Partnerschaft

In einer bekannten Studie fand man heraus, dass uns erfüllende Beziehungen nicht nur glücklicher machen, sondern auch in hohem Maße unsere Gesundheit verbessern – und dadurch unsere Lebenserwartung erhöhen.[14] Dabei geht es nicht um die Anzahl der Menschen in unserem Leben, sondern um die Tiefe der Bindung, die wir zu ihnen haben. Das können Partner/innen sein, aber auch Freund/innen, Kolleg/innen, Nachbar/innen, Mitschüler/innen …

Was ist dir in einer tiefgründigen Beziehung wichtig? Wie erfüllt fühlst du dich in deinen zwischenmenschlichen Beziehungen oder deiner Partnerschaft?

Markiere anhand dieser Fragen in deinem Lebensrad auf Seite 17, wie zufrieden du gerade im Bereich Beziehung & Partnerschaft bist.

Zeit für mich

Zeit nur für uns selbst gibt uns die Möglichkeit, uns zu entspannen, unsere Gedanken zu sortieren, die Batterien wieder aufzuladen und Ziele zu reflektieren. In unserer schnelllebigen Welt kann es allerdings schwierig sein, zwischen Terminen und Verpflichtungen noch Zeit zu finden, in der wir uns ganz auf uns selbst konzentrieren können. Deshalb ist es wichtig, dass wir uns bewusst Zeit dafür einräumen – auch wenn es nur fünf Minuten am Tag sind.

Wie oft machst du bewusst etwas für dich? Kannst du es dir erlauben, einfach einmal nichts zu machen und dich auf dich selbst zu konzentrieren?

Markiere anhand dieser Fragen in deinem Lebensrad auf Seite 17, wie zufrieden du gerade im Bereich Zeit für mich bist.

Mein Lebensrad

Hier kannst du auf einer Skala von 1 bis 10 bewerten, wie zufrieden du gerade im jeweiligen Lebensbereich bist. 1 steht dabei für »überhaupt nicht zufrieden«, 10 für »voll und ganz zufrieden«.

Markiere dazu mit einem dünnen Stift den Punkt, wo die Kreislinie die Linie des jeweiligen Lebensbereiches kreuzt. So erhältst du sechs Punkte, die du anschließend miteinander verbinden kannst.

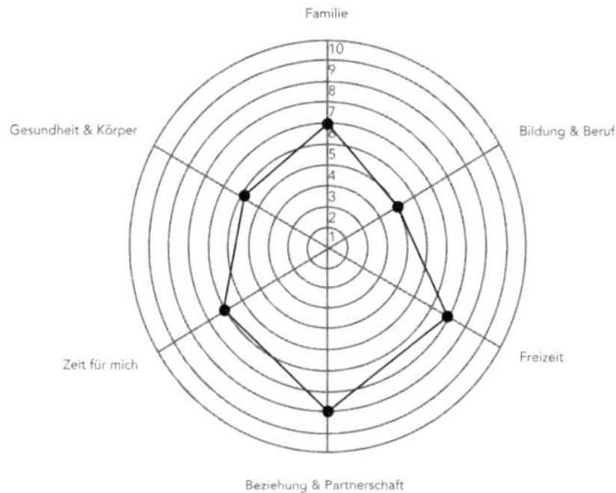

Familie

10
9
8
7
6
5
4
3
2
1

Gesundheit & Körper

Bildung & Beruf

Zeit für mich

Freizeit

Beziehung & Partnerschaft

☐ Ist-Zustand　☐ Zustand zur Halbzeit

☐ Wunschzustand　☐ Zustand zum Ausklang

Wenn du deine Zufriedenheit in dein Lebensrad eingetragen hast, schau dir das Bild einmal genau an. Was fällt dir auf? Sind die einzelnen Bereiche ausgeglichen? Womit bist du schon zufrieden, wo noch nicht?

Im Anschluss kannst du dir noch einen Stift in einer anderen Farbe nehmen. Trage damit deinen Wunschzustand ein: Was wünschst du dir in jedem Lebensbereich? Worauf möchtest du deinen Fokus gern mehr richten? Was kommt vielleicht gerade noch zu kurz?

Am Ende hast du ein klares Bild vor dir. Du siehst zwei Linien oder eher Figuren: Eine zeigt deinen momentanen Ist-Zustand und die andere deinen Wunschzustand. Wo überschneiden sie sich? Wo gehen die Linien weit auseinander? In welchen Bereichen liegen sie vielleicht schon aufeinander?

In den nächsten Wochen wirst du dich damit beschäftigen, wie du deinen Wunschzustand durch mehr Achtsamkeit in den einzelnen Lebensbereichen immer näher kommst. Dabei wird immer zwei Wochen hintereinander ein Thema im Fokus stehen. So erfährst du, wie du Achtsamkeit nach und nach ganz bewusst in die verschiedenen Bereiche deines Lebens integrieren kannst. Die Impulse und Reflexionsfragen in diesem Journal unterstützen dich dabei.

Nach zwölf Wochen wirst du eine dritte vollständige Linie ergänzt haben und siehst dadurch direkt, was sich in der Zwischenzeit bei dir getan hat. Bist du am Ende des Journals angekommen, finden sich insgesamt vier Linien im Lebensrad. Schauen wir mal, wie nahe du dann deinem Wunschzustand gekommen sein wirst.

Im Laufe des Journals wird dir an einigen Stellen dieses Symbol begegnen:

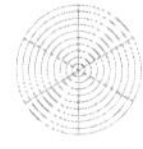

Es kennzeichnet die Stellen, an denen du noch einmal zurückblättern und dein Lebensrad auf den neuesten Stand bringen darfst.

DIE ACHTSAME SELBSTREFLEXION

Der Mensch ist immer in Kontakt mit anderen Menschen, da wir letztlich »Herdentiere« sind. Dabei passiert es ganz automatisch, dass du deine Mitmenschen beispielsweise anhand ihres Auftretens oder ihres Handelns bewertest. Aber wie sieht es dabei mit dir oder besser: in dir selbst aus? Wie verhältst du dich? Wie reagierst du auf bestimmte Situationen?

Selbstreflexion

Bei der achtsamen Selbstreflexion geht es darum, sich ohne Vorurteile zu betrachten und offen und ehrlich mit sich selbst umzugehen. Du blickst in dein eigenes Inneres, beobachtest dein Handeln, dein Denken und deine Emotionen. Du setzt dich bewusst mit dir selbst und deinen Verhaltensmustern auseinander, um mehr über dich herauszufinden.

Indem du dir bewusst wirst, wie du denkst und anschließend handelst, kannst du dich von negativen Gewohnheiten befreien, die dich daran hindern, ein erfüllteres Leben zu führen. Durch eine regelmäßige Praxis kannst du deine Selbstakzeptanz und dein Selbstvertrauen stärken. Langfristig wirst du dich besser wahrnehmen und deine eigenen Bedürfnisse klarer verstehen und kommunizieren können.

Die drei Schritte der achtsamen Selbstreflexion:

1. **Ist-Zustand analysieren:** Was mache ich eigentlich?
   Die einzelnen Schritte zur achtsamen Selbstwahrnehmung kannst du dir vorstellen wie die Schichten einer Zwiebel. Du tastest dich langsam ans Innere heran und löst die erste Schicht ab. Dabei nimmst du erst einmal wahr und versuchst nicht zu denken. Es geht darum, dir

bewusst zu machen, was du eigentlich machst. Wann greifst du unbewusst zum Handy? Wann schiebst du Aufgaben vor dir her?

2. **Gedanken und Gefühle dahinter erkennen:** Wieso mache ich das? Ablenkung hilft uns dabei, Emotionen zu unterdrücken, die wir nicht haben, geschweige denn fühlen wollen. Sie hilft uns sozusagen, uns innerlich zu betäuben. Denn würden wir diese Gefühle und Emotionen zulassen, müssten wir uns mit dem, was in uns selbst vorgeht, auseinandersetzen. Und dem wollen viele um jeden Preis entkommen.

   Im zweiten Schritt der achtsamen Selbstreflexion fokussierst du dich genau auf diese Gefühle und Emotionen. Denn das hilft dir zu erkennen, wer du bist und was *du wirklich* willst. Was du willst – und nicht, was bestimmte Personen, die Gesellschaft oder irgendjemand von dir verlangt.

3. **Selbstakzeptanz finden, Wünsche klären**
   Viele Menschen haben ein ähnliches Ziel im Leben: ankommen. Das interpretiert wahrscheinlich jeder etwas anders, aber es steckt fast immer das Gleiche dahinter. Wir alle wollen uns selbst so akzeptieren können, wie wir sind, mit all unseren Schwächen, Fehlern, Launen und Eigenheiten. Schritt drei handelt also davon zu lernen, dich selbst zu akzeptieren und Wünsche für dich festzulegen.

In diesem Journal hier gibt es wöchentliche Fragen innerhalb der sechs Lebensbereiche des Lebensrades. Sie sind genau nach diesem Schema der achtsamen Selbstreflexion aufgebaut. Das wird dir helfen, dich selbst in diesen Themen besser zu verstehen und vor allem zu reflektieren. Dabei warten drei Fragen pro Woche und Lebensbereich auf dich.

Die täglichen Fragen innerhalb der Lebensbereiche bleiben gleich, damit du eine ganz eigene Gewohnheit für dich entwickeln kannst. Das bewirkt, dass dir die Fragen bereits während des Tages im Kopf herumschwirren – so verhältst du dich »automatisch« achtsamer und kannst Veränderungen und Verbesserungen schneller feststellen.

Ein Tag voller Achtsamkeit

Damit du weißt, was der Hintergrundgedanke hinter den wöchentlichen und täglichen Fragen ist, möchten wir dich hier kurz durch einen »Probetag« mitnehmen.

Der Marmeladenglasmoment

Ein Marmeladenglasmoment beschreibt einen Moment, der Glücksgefühle in dir weckt. Einen Moment, den du am liebsten auffangen und einpacken willst, um ihn später noch einmal aufrufen zu können. Das kann ein Moment vom vergangenen Tag sein, wenn du das Journal am Morgen zur Hand nimmst. Füllst du es tagsüber oder am Abend aus, kannst du einfach deinen Lieblingsmoment vom aktuellen Tag nehmen.

Dabei muss es sich nicht zwingend um einen sehr großen Erfolg oder ein erreichtes Ziel handeln. Hier in diesem Journal darf es um die kleinen Dinge gehen, die dich zum Lächeln bringen und das Leben lebenswert machen. So entsteht eine Sammlung an wundervollen kleinen Momenten, die du immer wieder durchlesen und dabei Glücksgefühle tanken kannst.

Beispiel: Mein Marmeladenglasmoment

Mein Marmeladenglasmoment

Heute fiel durch das Fenster im Büro ein Sonnenstrahl direkt auf mein Gesicht. Da hat mich direkt Wärme durchflutet.

Die Gedankenpause

Die Gedankenpause ist dein täglicher Self-Check-in, bei dem du dich ganz auf dich selbst konzentrierst. Du nimmst für den Moment bewusst wahr, wie es dir gerade geht – auf drei Ebenen: Körper, Gedanken und Gefühle. Durch diese kleine Pause der Achtsamkeit schärfst du dein Bewusstsein.

Lies dir die Fragen durch, schließe für einen kurzen Moment deine Augen und spüre in dich hinein. Antworte dann ganz intuitiv und mit dem, was gerade kommt:

1. **Was spüre ich in meinem Körper?** Möglicherweise ist dir gerade warm, vielleicht hast du Sport gemacht und einen leichten Muskelkater, vielleicht sitzt du auf einem harten Boden im Schneidersitz und dein Knöchel drückt gegen den Untergrund oder deine Nase juckt. Schenke einmal nur den Empfindungen deines Körpers deine volle Aufmerksamkeit. Versuche, einfach nur hinzuspüren und nichts zu verändern oder zu bewerten. Es gibt dabei kein Richtig oder Falsch. Mit dieser Praxis baust du Schritt für Schritt ein gutes Körperbewusstsein auf.
2. **Welcher Gedanke beschäftigt dich gerade?** Vielleicht gibt es etwas – ein Ereignis, eine Sorge, ein bevorstehendes Gespräch, eine Person –, das gerade immer wieder in deinem Kopf herumspukt. Dafür sind diese Zeilen gedacht. Es ist möglich, dass du nach ein paar Tagen auch schon ein Muster der Gedanken erkennst, die dich immer wieder beschäftigen. Auch hier gilt: Alle Gedanken dürfen da sein, sie sind weder gut noch schlecht. Versuche, sie einfach anzunehmen und aufzuschreiben – ganz ohne sie zu bewerten. Was ist der erste Gedanke, der dir in den Sinn kommt, wenn du diese Frage liest? Schreibe ihn heraus, denn das Aufschreiben hilft dir, deinen Kopf frei zu machen.
3. **Wie fühle ich mich heute?** Hier ist Platz für deine aktuelle Gefühlslage. Fühlst du dich energiegeladen, wach und motiviert oder eher ausgelaugt und müde? Spüre bewusst in dich hinein.

Beispiele:

Was spüre ich in meinem Körper?	*Meine Augen brennen leicht, meine Arme drücken flach auf die Tischfläche und meine Haare kitzeln in meinem Gesicht*
Welcher Gedanke beschäftigt mich gerade?	*Wo will ich dieses Jahr hinreisen?*
Wie fühle ich mich heute?	*Ich fühle mich gerade etwas ausgelaugt und gestresst, freue mich aber gleichzeitig auf den Abend.*

Die Lebensbereiche

Um nicht nur teilweise, sondern ganzheitlich Achtsamkeit in dein Leben zu bringen, ist das Journal – wie im Kapitel »Das Rad des Lebens« bereits beschrieben – nach dem Lebensrad in folgende sechs Lebensbereiche aufgegliedert:

- Gesundheit & Körper
- Familie
- Bildung & Beruf
- Freizeit
- Beziehung & Partnerschaft
- Zeit für mich

Jeder dieser Bereiche rückt insgesamt vier Wochen lang in den Fokus. Nachdem du das erste Mal alle sechs Bereiche für je zwei Wochen durchlaufen hast, gehen wir in die zweite Runde, in der noch mal neue Achtsamkeitsimpulse und Übungen auf dich warten.

Zu Beginn wirst du einmalig pro Thema mit einem Einstieg in den Lebensbereich abgeholt und darfst mithilfe des *Gewohnheitensammlers* Gewohnheiten für dich festlegen, die du in der nächsten Zeit etablieren willst. Diese müssen nicht zwingend etwas mit dem aktuellen Thema zu tun haben.

Innerhalb der täglichen Erfahrung im Lebensbereich warten jeweils zwei Fragen auf dich: eine zum Thema Achtsamkeit und die andere zum Thema Dankbarkeit. Diese Fragestellungen helfen dir, dich intensiv mit dem Bereich auseinanderzusetzen und bereits in der zweiten Woche eine Veränderung feststellen zu können.

Achtsamkeit in Verbindung mit Dankbarkeit

Um Dankbarkeit für etwas empfinden zu können, musst du deine Aufmerksamkeit auf dieses positive Ding oder Ereignis lenken und es als solches erkennen. Dadurch trainierst du deine Achtsamkeit und schärfst dein Auge für die kleinen – vorher vielleicht übersehenen – Dinge im Leben, für die du dankbar sein kannst. Genau diese Mischung aus Achtsamkeit und Dankbarkeit wollen wir für alle Lebensbereiche schaffen.

Beispiele: Lebensbereich Gesundheit & Körper

Was habe ich heute Gutes für meine Gesundheit, für meinen Körper getan?

Heute habe ich drei Liter Wasser getrunken und Sonnenschutz auf mein Gesicht aufgetragen.

Wofür bin ich meinem Körper heute dankbar?

Ich bin dankbar für meine gesunden Beine – sie haben mich bestens durch den Tag getragen.

Der Achtsamkeitsimpuls für den Tag

Du bekommst täglich deine Portion Achtsamkeit to go in Form einer Anregung, eines Denkanstoßes oder einer kleinen Übung. Das hilft dir dabei, auch unabhängig vom Journal die Achtsamkeit in deinem Gedächtnis zu behalten und dich immer wieder bewusst in den gegenwärtigen Moment zurückzuholen.

Beispiel:
Stell dich breitbeinig hin und schüttel einmal deinen gesamten Körper durch. Wie fühlst du dich danach?

Alles Unnötige loslassen

Bevor du mit dem Journal loslegst, darfst du hier alles loslassen, was du loslassen willst.

Schreib einfach mit einzelnen Wörtern auf, was dich belastet oder runterzieht, zeichne einen Luftballon darum und male ihn dann vollständig aus – über deine Wörter drüber. Dafür eignen sich Wachsmalstifte besonders gut. So kannst du all die Dinge »wegfliegen« lassen, die dich belasten und etwas freier in dein Journal starten.

DAS JOURNAL

G E S U N D H E I T & K Ö R P E R

In den ersten beiden Wochen legst du deinen Fokus auf den Lebensbereich Gesundheit & Körper. Höre also die kommenden Tage immer wieder ganz bewusst auf deinen Körper.

Achtsamkeit gegenüber deiner Gesundheit und deinem Körper bedeutet zum Beispiel einen bewussten Umgang mit Ernährung oder körperlicher Aktivität. Es heißt auch, zu erkennen, wann dein Körper Erholung braucht. Zum Beispiel können dir regelmäßige Yoga- oder Meditationsübungen helfen, Körper und Geist zu beruhigen und Stress abzubauen.

Um dein Bewusstsein für die Signale deines Körpers gleich etwas zu schärfen und dein Körperbewusstsein zu schulen, findest du hier einen kurzen Body-Scan. Gern kannst du diese Achtsamkeitsübung machen, bevor du mit dem Lebensbereich startest. Du kannst ihn aber auch einfach zwischendurch und natürlich auch öfter anhören.

https://zur.academy/GO-4Y8-9SA-XFR

Tipp:

Es wartet auf der Website der Achtsamkeitsakademie für jeden Lebensbereich eine kleine zusätzliche Unterstützung auf dich. Gern kannst du sie gleich alle downloaden, um sie sofort abrufbar zu haben, wenn du von ihnen Gebrauch machen möchtest.

Einstieg

Was bedeutet Gesundheit für mich?

Wann fühle ich mich am wohlsten und so richtig fit in meinem Körper?

Was kann ich selbst dafür tun, um mich wohl in meiner Haut zu fühlen und meine Gesundheit zu stärken?

Gewohnheitensammler

Diese Gewohnheiten will ich in den nächsten Tagen umsetzen:

	mo	di	mi	do	fr	sa	so

Mein Marmeladenglasmoment

Was spüre ich in meinem Körper?

Welcher Gedanke beschäftigt mich gerade?

Wie fühle ich mich heute?

Gesundheit & Körper

Was habe ich heute Gutes für meine Gesundheit, für meinen Körper getan?

Wofür bin ich meinem Körper heute dankbar?

Erlaube dir selbst, den jetzigen Moment, genau so wie er ist, anzunehmen. Erlaube dir selbst, genau so zu sein, wie du bist.

Mein Marmeladenglasmoment

Was spüre ich in meinem Körper?

Welcher Gedanke beschäftigt mich gerade?

Wie fühle ich mich heute?

gedankenpause

Gesundheit & Körper

Was habe ich heute Gutes für meine Gesundheit, für meinen Körper getan?

Wofür bin ich meinem Körper heute dankbar?

Ich vertraue mir.

Mein Marmeladenglasmoment

Was spüre ich in meinem Körper?

Welcher Gedanke beschäftigt mich gerade?

Wie fühle ich mich heute?

Gesundheit & Körper

Was habe ich heute Gutes für meine Gesundheit, für meinen Körper getan?

Wofür bin ich meinem Körper heute dankbar?

Nimm einmal ganz bewusst das Gefühl auf deiner Haut wahr. Sonnenstrahlen, Kleidung, Wind, Wärme, Kälte …

Mein Marmeladenglasmoment

Was spüre ich in meinem Körper?

Welcher Gedanke beschäftigt mich gerade?

Wie fühle ich mich heute?

gedankenpause

Gesundheit & Körper

Was habe ich heute Gutes für meine Gesundheit, für meinen Körper getan?

Wofür bin ich meinem Körper heute dankbar?

*»Es gibt zwei Arten, sein Leben zu leben:
So, als wäre nichts ein Wunder, oder so, als wäre alles eins.«
Albert Einstein*

Mein Marmeladenglasmoment

Was spüre ich in meinem Körper?

Welcher Gedanke beschäftigt mich gerade?

Wie fühle ich mich heute?

Gesundheit & Körper

Was habe ich heute Gutes für meine Gesundheit, für meinen Körper getan?

Wofür bin ich meinem Körper heute dankbar?

Wirf deine Gedanken wie Herbstblätter in einen blauen Fluss, schau zu, wie sie hineinfallen und davontreiben – und dann: vergiss sie.
Zen-Weisheit

Mein Marmeladenglasmoment

Was spüre ich in meinem Körper?

Welcher Gedanke beschäftigt mich gerade?

Wie fühle ich mich heute?

Gesundheit & Körper

Was habe ich heute Gutes für meine Gesundheit, für meinen Körper getan?

Wofür bin ich meinem Körper heute dankbar?

Ich bin geduldig mit meinem Körper und meinem Geist.

Mein Marmeladenglasmoment

Was spüre ich in meinem Körper?

Welcher Gedanke beschäftigt mich gerade?

Wie fühle ich mich heute?

Gesundheit & Körper

Was habe ich heute Gutes für meine Gesundheit, für meinen Körper getan?

Wofür bin ich meinem Körper heute dankbar?

Wenn du gehst, nimm einmal ganz bewusst wahr, wie sich die Bewegungen deines Körpers anfühlen.

Vertiefung

Wenn ich etwas an meinem Körper ändern könnte: Was wäre das und warum? Welches Gefühl steckt dahinter?

Wann schlafe ich am besten und fühle mich morgens fit und ausgeruht?

Was hilft mir dabei, negative Gedanken zu vertreiben?

Mein Marmeladenglasmoment

Was spüre ich in meinem Körper?

Welcher Gedanke beschäftigt mich gerade?

Wie fühle ich mich heute?

Gesundheit & Körper

Was habe ich heute Gutes für meine Gesundheit, für meinen Körper getan?

Wofür bin ich meinem Körper heute dankbar?

Denke öfter an das, was du hast. Nicht an das, was dir fehlt.

Mein Marmeladenglasmoment

Was spüre ich in meinem Körper?

Welcher Gedanke beschäftigt mich gerade?

Wie fühle ich mich heute?

Gesundheit & Körper

Was habe ich heute Gutes für meine Gesundheit, für meinen Körper getan?

Wofür bin ich meinem Körper heute dankbar?

Ich lasse die Dinge los, die ich nicht kontrollieren kann, und lenke meine Energie auf die, die ich beeinflussen kann.

Mein Marmeladenglasmoment

Was spüre ich in meinem Körper?

Welcher Gedanke beschäftigt mich gerade?

Wie fühle ich mich heute?

Gesundheit & Körper

Was habe ich heute Gutes für meine Gesundheit, für meinen Körper getan?

Wofür bin ich meinem Körper heute dankbar?

Schließe für einen Moment die Augen, lege deine Hände auf deine Brust und nimm ein paar tiefe Atemzüge.

Mein Marmeladenglasmoment

Was spüre ich in meinem Körper?

Welcher Gedanke beschäftigt mich gerade?

Wie fühle ich mich heute?

Gesundheit & Körper

Was habe ich heute Gutes für meine Gesundheit, für meinen Körper getan?

Wofür bin ich meinem Körper heute dankbar?

»Das Glück deines Lebens hängt von der Beschaffenheit deiner Gedanken ab.«
Marc Aurel

Mein Marmeladenglasmoment

Was spüre ich in meinem Körper?

Welcher Gedanke beschäftigt mich gerade?

Wie fühle ich mich heute?

Gesundheit & Körper

Was habe ich heute Gutes für meine Gesundheit, für meinen Körper getan?

Wofür bin ich meinem Körper heute dankbar?

Jedes Mal, wenn du dich heute im Spiegel siehst, lächle dich an und zwinkere dir zu.

Mein Marmeladenglasmoment

Was spüre ich in meinem Körper?

Welcher Gedanke beschäftigt mich gerade?

Wie fühle ich mich heute?

Gesundheit & Körper

Was habe ich heute Gutes für meine Gesundheit, für meinen Körper getan?

Wofür bin ich meinem Körper heute dankbar?

Ich kann jeden Tag neu entscheiden.

Mein Marmeladenglasmoment

Was spüre ich in meinem Körper?

Welcher Gedanke beschäftigt mich gerade?

Wie fühle ich mich heute?

Gesundheit & Körper

Was habe ich heute Gutes für meine Gesundheit, für meinen Körper getan?

Wofür bin ich meinem Körper heute dankbar?

Achte heute bei jedem Händewaschen bewusst darauf, wie sich das Wasser auf deiner Haut anfühlt. Ist es weich oder eher hart? Ist es angenehm?

Ausklang

Blättere jetzt zurück zu deinem Lebensrad auf Seite 17 und trage mit einer neuen Farbe ein, wie zufrieden du dich nach diesen zwei Wochen im Bereich Gesundheit & Körper fühlst. Vielleicht kannst du ja schon erste Veränderungen feststellen.

Diese Erfahrungen habe ich aus den letzten Tagen mitgenommen:

Notiere hier einfach alles, was dir beim Rückblick auf die vergangenen Tage durch den Kopf geht und wie es dir ergangen ist, was du gefühlt hast.

Gibt es Gewohnheiten, die dich in den letzten Tagen beeinflusst oder weitergebracht haben? Welche davon möchtest du auch zukünftig in dein Leben integrieren?

Die nächsten zwei Wochen rückt der Fokus auf den Lebensbereich Familie. Dabei muss es sich nicht zwingend um eine Blutsverwandtschaft handeln. Zu deiner Familie im weitesten Sinne gehört jeder, den du als solchen ansiehst.

Achtsamkeit in der Familie kann auf verschiedene Arten praktiziert werden. Im Allgemeinen bedeutet es, bewusst im Hier und Jetzt zu sein und sich auf das zu konzentrieren, was in diesem Moment passiert, anstatt in Gedanken in der Vergangenheit oder Zukunft zu sein.

Einige Möglichkeiten, Achtsamkeit in der Familie umzusetzen, sind zum Beispiel gemeinsame Mahlzeiten, Zeit zusammen in der Natur, achtsames Zuhören und Handeln.

Zur Unterstützung findest du hinter diesem QR-Code eine kleine Meditation, die dir hilft, (schwierige) Emotionen loszulassen. Du kannst diese geführte Meditation immer abrufen, wenn du das Gefühl hast, etwas Hilfe beim Loslassen zu brauchen.

https://zur.academy/GO-4Y8-9SA-XFR

Einstieg

Wer ist für mich »Familie«?

Was bedeutet Familie für mich?
Was fühle ich, wenn ich das Wort höre?

Was würde ich mir innerhalb meiner Familie wünschen? Was kann ich tun, um diesem Wunsch einen Schritt näher zu kommen?

Gewohnheitensammler

Diese Gewohnheiten will ich in den nächsten Tagen umsetzen:

	mo	di	mi	do	fr	sa	so

Mein Marmeladenglasmoment

Was spüre ich in meinem Körper?

Welcher Gedanke beschäftigt mich gerade?

Wie fühle ich mich heute?

Familie

Was habe ich heute getan, um die Verbindung zu meiner Familie zu stärken?

Welchem Familienmitglied bin ich heute dankbar und wofür?

Zeit ist das wertvollste Geschenk, das wir einander machen können.

Mein Marmeladenglasmoment

Was spüre ich in meinem Körper?

Welcher Gedanke beschäftigt mich gerade?

Wie fühle ich mich heute?

Familie

Was habe ich heute getan, um die Verbindung zu meiner Familie zu stärken?

Welchem Familienmitglied bin ich heute dankbar und wofür?

Ich darf vollkommen ich selbst sein.

Mein Marmeladenglasmoment

Was spüre ich in meinem Körper?

Welcher Gedanke beschäftigt mich gerade?

Wie fühle ich mich heute?

Familie

Was habe ich heute getan, um die Verbindung zu meiner Familie zu stärken?

Welchem Familienmitglied bin ich heute dankbar und wofür?

Stelle dich breitbeinig hin und schüttle einmal deinen gesamten Körper durch. Wie fühlst du dich danach?

Mein Marmeladenglasmoment

Was spüre ich in meinem Körper?

Welcher Gedanke beschäftigt mich gerade?

Wie fühle ich mich heute?

Familie

Was habe ich heute getan, um die Verbindung zu meiner Familie zu stärken?

Welchem Familienmitglied bin ich heute dankbar und wofür?

Zeit, die wir uns für die Dinge nehmen, die uns wichtig sind, gibt uns etwas Unbezahlbares zurück.

Mein Marmeladenglasmoment

Was spüre ich in meinem Körper?

Welcher Gedanke beschäftigt mich gerade?

Wie fühle ich mich heute?

Familie

Was habe ich heute getan, um die Verbindung zu meiner Familie zu stärken?

Welchem Familienmitglied bin ich heute dankbar und wofür?

Die Vergangenheit hilft uns nur, wenn wir aus ihr lernen. Nicht, wenn wir in ihr leben.

Mein Marmeladenglasmoment

Was spüre ich in meinem Körper?

Welcher Gedanke beschäftigt mich gerade?

Wie fühle ich mich heute?

gedankenpause

Familie

Was habe ich heute getan, um die Verbindung zu meiner Familie zu stärken?

Welchem Familienmitglied bin ich heute dankbar und wofür?

Ich darf meinen eigenen Weg gehen.

Mein Marmeladenglasmoment

Was spüre ich in meinem Körper?

Welcher Gedanke beschäftigt mich gerade?

Wie fühle ich mich heute?

Familie

Was habe ich heute getan, um die Verbindung zu meiner Familie zu stärken?

Welchem Familienmitglied bin ich heute dankbar und wofür?

Mach eine Grimasse und entspanne dann jeden einzelnen deiner Gesichtsmuskeln wieder.

Vertiefung

Beschreibe zwei Familienmitglieder
mit jeweils drei Wörtern:

Welches Familienmitglied hat mich in meinem Leben
bis jetzt am meisten beeinflusst und wodurch?

Mein Marmeladenglasmoment

Was spüre ich in meinem Körper?

Welcher Gedanke beschäftigt mich gerade?

Wie fühle ich mich heute?

gedankenpause

Familie

Was habe ich heute getan, um die Verbindung zu meiner Familie zu stärken?

Welchem Familienmitglied bin ich heute dankbar und wofür?

Wenn sich die Dinge in dir ändern, ändern sich die Dinge um dich herum.

Mein Marmeladenglasmoment

Was spüre ich in meinem Körper?

Welcher Gedanke beschäftigt mich gerade?

Wie fühle ich mich heute?

Familie

Was habe ich heute getan, um die Verbindung zu meiner Familie zu stärken?

Welchem Familienmitglied bin ich heute dankbar und wofür?

Ich darf glücklich sein.

Mein Marmeladenglasmoment

Was spüre ich in meinem Körper?

Welcher Gedanke beschäftigt mich gerade?

Wie fühle ich mich heute?

Familie

Was habe ich heute getan, um die Verbindung zu meiner Familie zu stärken?

Welchem Familienmitglied bin ich heute dankbar und wofür?

Ich atme Gelassenheit ein und atme Anspannung aus.

Mein Marmeladenglasmoment

Was spüre ich in meinem Körper?

Welcher Gedanke beschäftigt mich gerade?

Wie fühle ich mich heute?

Familie

Was habe ich heute getan, um die Verbindung zu meiner Familie zu stärken?

Welchem Familienmitglied bin ich heute dankbar und wofür?

»Die Familie ist die Heimat des Herzens.«
Giuseppe Mazzini

Mein Marmeladenglasmoment

Was spüre ich in meinem Körper?

Welcher Gedanke beschäftigt mich gerade?

Wie fühle ich mich heute?

Familie

Was habe ich heute getan, um die Verbindung zu meiner Familie zu stärken?

Welchem Familienmitglied bin ich heute dankbar und wofür?

Schreibe einer Person, zu der du schon länger keinen Kontakt mehr hattest, obwohl sie dir sehr wichtig ist. Frage sie, wie es ihr geht.

Mein Marmeladenglasmoment

Was spüre ich in meinem Körper?

Welcher Gedanke beschäftigt mich gerade?

Wie fühle ich mich heute?

gedankenpause

Familie

Was habe ich heute getan, um die Verbindung zu meiner Familie zu stärken?

Welchem Familienmitglied bin ich heute dankbar und wofür?

Ich darf Nein sagen.

Mein Marmeladenglasmoment

Was spüre ich in meinem Körper?

Welcher Gedanke beschäftigt mich gerade?

Wie fühle ich mich heute?

Familie

Was habe ich heute getan, um die Verbindung zu meiner Familie zu stärken?

Welchem Familienmitglied bin ich heute dankbar und wofür?

Fünf-Finger-Atmung: Spreize die Finger der einen Hand und halte sie vor dich. Fahre mit dem Zeigefinger der anderen Hand langsam an der Außenkante jedes Fingers nach oben, auf der anderen Seite nach unten. Bei der Aufwärtsbewegung atme ein, bei der Abwärtsbewegung atme aus.

Ausklang

Blättere jetzt zurück zu deinem Lebensrad auf Seite 17 und trage mit einer neuen Farbe ein, wie zufrieden du dich nach diesen zwei Wochen im Bereich Familie fühlst. Vielleicht kannst du ja schon erste Veränderungen feststellen.

Diese Erfahrungen habe ich aus den letzten Tagen mitgenommen:

Notiere hier einfach alles, was dir beim Rückblick auf die vergangenen Tage durch den Kopf geht und wie es dir ergangen ist, was du gefühlt hast.

Gibt es Gewohnheiten, die dich in den letzten Tagen beeinflusst oder weitergebracht haben? Welche davon möchtest du auch zukünftig in dein Leben integrieren?

BILDUNG & BERUF

In den kommenden zwei Wochen liegt der Fokus auf dem Thema Bildung & Beruf. Egal in welcher Phase deines Lebens du dich gerade befindest, dieser Lebensbereich deckt deine aktuelle »Hauptaufgabe« ab.

Achtsamkeit in diesem Lebensbereich kann bedeuten, dass du dir bewusst Zeit nimmst, um deine beruflichen Ziele, Interessen und Fähigkeiten zu reflektieren.

Erforsche die Auswirkungen, die deine Arbeit auf dein Wohlbefinden hat, und erkenne frühzeitig, wann dir vielleicht eine Veränderung guttun würde. Bleibe offen für Feedback, neue Erfahrungen und Lerngelegenheiten und gönne dir gleichzeitig Ausgleich und Erholung für dein körperliches und geistiges Wohlbefinden.

Für einen körperlichen Ausgleich in deinem Alltag findest du hinter diesem QR-Code eine kleine Yoga-Übung. Du kannst sie ganz leicht im Sitzen durchführen, sie ist also nicht mit viel Aufwand verbunden. Aber du wirst sofort einen Effekt spüren. Also mach sie gern immer dann, wenn du dich steif fühlst und eine kurze Pause brauchst.

Einstieg

Das sind drei Stärken von mir in Bezug auf meinen Beruf, mein Studium, meine Ausbildung oder Ähnliches:

Was war bisher mein größter Erfolg und wie habe ich mich dabei gefühlt?

Habe ich aktuell eine gute Work-Life-Balance? Wenn ja, wie sieht sie aus? Wenn nein, wieso nicht und wie könnte ich mir eine schaffen?

Gewohnheitensammler

Diese Gewohnheiten will ich in den nächsten Tagen umsetzen:

	mo	di	mi	do	fr	sa	so

Mein Marmeladenglasmoment

Was spüre ich in meinem Körper?

Welcher Gedanke beschäftigt mich gerade?

Wie fühle ich mich heute?

Bildung & Beruf

Worauf bin ich heute stolz?

Was hat mir heute Freude bereitet?

Mal gedacht: »Das schaff' ich nie!« und es dann trotzdem geschafft?

Mein Marmeladenglasmoment

Was spüre ich in meinem Körper?

Welcher Gedanke beschäftigt mich gerade?

Wie fühle ich mich heute?

gedankenpause

Bildung & Beruf

Worauf bin ich heute stolz?

Was hat mir heute Freude bereitet?

Jeder Tag gibt mir die Möglichkeit zu wachsen.

Mein Marmeladenglasmoment

Was spüre ich in meinem Körper?

Welcher Gedanke beschäftigt mich gerade?

Wie fühle ich mich heute?

Bildung & Beruf

Worauf bin ich heute stolz?

Was hat mir heute Freude bereitet?

Ziehe deine Schultern nach hinten und richte deinen Oberkörper auf. Wie fühlst du dich in dieser Körperhaltung?

Mein Marmeladenglasmoment

Was spüre ich in meinem Körper?

Welcher Gedanke beschäftigt mich gerade?

Wie fühle ich mich heute?

Bildung & Beruf

Worauf bin ich heute stolz?

Was hat mir heute Freude bereitet?

»Wer alles mit einem Lächeln beginnt, dem wird das meiste gelingen.«
Dalai Lama

Mein Marmeladenglasmoment

Was spüre ich in meinem Körper?

Welcher Gedanke beschäftigt mich gerade?

Wie fühle ich mich heute?

Bildung & Beruf

Worauf bin ich heute stolz?

Was hat mir heute Freude bereitet?

Du musst nirgends hin. Du bist genau da richtig, wo du gerade bist.

Mein Marmeladenglasmoment

Was spüre ich in meinem Körper?

Welcher Gedanke beschäftigt mich gerade?

Wie fühle ich mich heute?

Bildung & Beruf

Worauf bin ich heute stolz?

Was hat mir heute Freude bereitet?

Ich vergebe und schenke mir damit Freiheit.

Mein Marmeladenglasmoment

Was spüre ich in meinem Körper?

Welcher Gedanke beschäftigt mich gerade?

Wie fühle ich mich heute?

gedankenpause

Bildung & Beruf

Worauf bin ich heute stolz?

Was hat mir heute Freude bereitet?

Fühle ganz bewusst den Stuhl, auf dem du sitzt, und den Boden unter deinen Füßen. Wo hat dein Körper Kontakt zum Untergrund?

Vertiefung

Stehe ich mir manchmal selbst im Weg und wenn ja, wodurch?

Wer ist die erfolgreichste Person, die ich kenne? Wieso sehe ich sie als so erfolgreich an, und was bedeutet Erfolg für mich?

Mein Marmeladenglasmoment

Was spüre ich in meinem Körper?

Welcher Gedanke beschäftigt mich gerade?

Wie fühle ich mich heute?

gedankenpause

Bildung & Beruf

Worauf bin ich heute stolz?

Was hat mir heute Freude bereitet?

»Hab Geduld mit jedem Tag deines Lebens.«
Zen-Weisheit

Mein Marmeladenglasmoment

Was spüre ich in meinem Körper?

Welcher Gedanke beschäftigt mich gerade?

Wie fühle ich mich heute?

Bildung & Beruf

Worauf bin ich heute stolz?

Was hat mir heute Freude bereitet?

Ich blicke gelassen und mutig in die Zukunft.

Mein Marmeladenglasmoment

Was spüre ich in meinem Körper?

Welcher Gedanke beschäftigt mich gerade?

Wie fühle ich mich heute?

Bildung & Beruf

Worauf bin ich heute stolz?

Was hat mir heute Freude bereitet?

Entspanne bewusst den Punkt zwischen deinen Augenbrauen.

Mein Marmeladenglasmoment

Was spüre ich in meinem Körper?

Welcher Gedanke beschäftigt mich gerade?

Wie fühle ich mich heute?

gedankenpause

Bildung & Beruf

Worauf bin ich heute stolz?

Was hat mir heute Freude bereitet?

»Fang nie an aufzuhören, hör nie auf anzufangen.«
Cicero

Mein Marmeladenglasmoment

Was spüre ich in meinem Körper?

Welcher Gedanke beschäftigt mich gerade?

Wie fühle ich mich heute?

Bildung & Beruf

Worauf bin ich heute stolz?

Was hat mir heute Freude bereitet?

Es ist, wie es ist. Aber es wird, was du daraus machst.

Mein Marmeladenglasmoment

Was spüre ich in meinem Körper?

Welcher Gedanke beschäftigt mich gerade?

Wie fühle ich mich heute?

Bildung & Beruf

Worauf bin ich heute stolz?

Was hat mir heute Freude bereitet?

Meine Stärke kann jeden Tag etwas anders aussehen.

Mein Marmeladenglasmoment

Was spüre ich in meinem Körper?

Welcher Gedanke beschäftigt mich gerade?

Wie fühle ich mich heute?

Bildung & Beruf

Worauf bin ich heute stolz?

Was hat mir heute Freude bereitet?

Wenn du gerade gehetzt bist und hundert To-dos im Kopf hast, sage dir einmal: »Stopp!« Dann nimm einfach nur wahr, was jetzt gerade ist.

Ausklang

Blättere jetzt zurück zu deinem Lebensrad auf Seite 17 und trage mit einer neuen Farbe ein, wie zufrieden du dich nach diesen zwei Wochen im Bereich Bildung & Beruf fühlst. Vielleicht kannst du ja schon erste Veränderungen feststellen.

Diese Erfahrungen habe ich aus den letzten Tagen mitgenommen:

Notiere hier einfach alles, was dir beim Rückblick auf die vergangenen Tage durch den Kopf geht und wie es dir ergangen ist, was du gefühlt hast.

Gibt es Gewohnheiten, die dich in den letzten Tagen beeinflusst oder weitergebracht haben? Welche davon möchtest du auch zukünftig in dein Leben integrieren?

FREIZEIT

In den nächsten beiden Wochen rückt der Lebensbereich Freizeit in den Fokus. Damit ist die Zeit am Tag gemeint, die du komplett frei und selbstbestimmt verbringst, ganz ohne Verpflichtungen.

Du kannst mehr Achtsamkeit in deine Freizeit bringen, indem du dich bewusst für Aktivitäten entscheidest, die dir Freude bereiten, dich entspannen lassen oder dich inspirieren. Versuche, jeden Moment aufmerksam zu erleben, ohne dich vom Smartphone oder von Gedanken an die Vergangenheit und Zukunft ablenken zu lassen. Genieße die gemeinsame Zeit mit lieben Menschen – und mit dir selbst – ganz im Hier und Jetzt. Achtsamkeit in deiner Freizeit bedeutet auch, dass du bewusst Verabredungen absagen kannst, wenn du dich gerade nicht danach fühlst.

Hinter diesem QR-Code wartet eine Gehmeditation auf dich. Diese kannst du immer durchführen, wenn du die Zeit dafür hast. Gern jetzt zu Beginn, um Abstand vom Alltag zu bekommen und einfach wahrzunehmen.

Einstieg

Womit verbringe ich den Großteil meiner Freizeit?

Welche Freizeitbeschäftigungen machen mich am glücklichsten? Welchen Dingen würde ich gern mehr meiner Zeit und Aufmerksamkeit schenken?

Welche Aktivitäten kann ich loslassen, um mehr Raum für die Dinge zu schaffen, die mich wirklich glücklich machen?

Gewohnheitensammler

Diese Gewohnheiten will ich in den nächsten Tagen umsetzen:

	mo	di	mi	do	fr	sa	so

Mein Marmeladenglasmoment

Was spüre ich in meinem Körper?

Welcher Gedanke beschäftigt mich gerade?

Wie fühle ich mich heute?

Freizeit

Was habe ich heute Neues ausprobiert oder einmal anders gemacht als sonst?

Für welche Erfahrung bin ich heute dankbar?

Tu heute einmal das, was du als Kind am liebsten getan hast.

Mein Marmeladenglasmoment

Was spüre ich in meinem Körper?

Welcher Gedanke beschäftigt mich gerade?

Wie fühle ich mich heute?

Freizeit

Was habe ich heute Neues ausprobiert oder einmal anders gemacht als sonst?

Für welche Erfahrung bin ich heute dankbar?

Ich öffne mich für Neues.

Mein Marmeladenglasmoment

Was spüre ich in meinem Körper?

Welcher Gedanke beschäftigt mich gerade?

Wie fühle ich mich heute?

Freizeit

Was habe ich heute Neues ausprobiert oder einmal anders gemacht als sonst?

Für welche Erfahrung bin ich heute dankbar?

Schließe deine Augen und nimm einmal ganz bewusst wahr, welche Geräusche um dich herum sind.

Mein Marmeladenglasmoment

Was spüre ich in meinem Körper?

Welcher Gedanke beschäftigt mich gerade?

Wie fühle ich mich heute?

gedankenpause

Freizeit

Was habe ich heute Neues ausprobiert oder einmal anders gemacht als sonst?

Für welche Erfahrung bin ich heute dankbar?

Wenn du den gegenwärtigen Moment verpasst, verpasst du das Leben.

Mein Marmeladenglasmoment

Was spüre ich in meinem Körper?

Welcher Gedanke beschäftigt mich gerade?

Wie fühle ich mich heute?

Freizeit

Was habe ich heute Neues ausprobiert oder einmal anders gemacht als sonst?

Für welche Erfahrung bin ich heute dankbar?

Wenn dich kleine Dinge zum Lachen bringen und glücklich machen, sind sie dann wirklich so klein?

Mein Marmeladenglasmoment

Was spüre ich in meinem Körper?

Welcher Gedanke beschäftigt mich gerade?

Wie fühle ich mich heute?

gedankenpause

Freizeit

Was habe ich heute Neues ausprobiert oder einmal anders gemacht als sonst?

Für welche Erfahrung bin ich heute dankbar?

Ich gebe mich voller Vertrauen dem Fluss des Lebens hin.

Mein Marmeladenglasmoment

Was spüre ich in meinem Körper?

Welcher Gedanke beschäftigt mich gerade?

Wie fühle ich mich heute?

Freizeit

Was habe ich heute Neues ausprobiert oder einmal anders gemacht als sonst?

Für welche Erfahrung bin ich heute dankbar?

Schließe deine Augen und denke an drei Dinge, die dich glücklich machen.

Vertiefung

Was wollte ich schon immer einmal machen?
Was hält mich davon ab, es zu tun?

Was habe ich als Kind gern gemacht?
Mache ich das heute auch noch? Wenn nicht, warum?

Mein Marmeladenglasmoment

Was spüre ich in meinem Körper?

Welcher Gedanke beschäftigt mich gerade?

Wie fühle ich mich heute?

Freizeit

Was habe ich heute Neues ausprobiert oder einmal anders gemacht als sonst?

Für welche Erfahrung bin ich heute dankbar?

Heute ist ein guter Tag, um einen guten Tag zu haben.

Mein Marmeladenglasmoment

Was spüre ich in meinem Körper?

Welcher Gedanke beschäftigt mich gerade?

Wie fühle ich mich heute?

Freizeit

Was habe ich heute Neues ausprobiert oder einmal anders gemacht als sonst?

Für welche Erfahrung bin ich heute dankbar?

Ich öffne meinen Blick für all das Wunderbare um mich herum.

Mein Marmeladenglasmoment

Was spüre ich in meinem Körper?

Welcher Gedanke beschäftigt mich gerade?

Wie fühle ich mich heute?

Freizeit

Was habe ich heute Neues ausprobiert oder einmal anders gemacht als sonst?

Für welche Erfahrung bin ich heute dankbar?

Ich atme ein und entspanne meinen Körper, ich atme aus und lächle.

Mein Marmeladenglasmoment

Was spüre ich in meinem Körper?

Welcher Gedanke beschäftigt mich gerade?

Wie fühle ich mich heute?

Freizeit

Was habe ich heute Neues ausprobiert oder einmal anders gemacht als sonst?

Für welche Erfahrung bin ich heute dankbar?

Erst wenn du das Leben loslässt, das du für dich geplant hast, kannst du das Leben leben, das auf dich wartet.

Mein Marmeladenglasmoment

Was spüre ich in meinem Körper?

Welcher Gedanke beschäftigt mich gerade?

Wie fühle ich mich heute?

Freizeit

Was habe ich heute Neues ausprobiert oder einmal anders gemacht als sonst?

Für welche Erfahrung bin ich heute dankbar?

Betrachte die Dinge heute mal bewusst aus einer anderen Perspektive.

Mein Marmeladenglasmoment

Was spüre ich in meinem Körper?

Welcher Gedanke beschäftigt mich gerade?

Wie fühle ich mich heute?

Freizeit

Was habe ich heute Neues ausprobiert oder einmal anders gemacht als sonst?

Für welche Erfahrung bin ich heute dankbar?

Das Heute ist ein Geschenk. Ich bin glücklich, hier zu sein.

Mein Marmeladenglasmoment

Was spüre ich in meinem Körper?

Welcher Gedanke beschäftigt mich gerade?

Wie fühle ich mich heute?

Freizeit

Was habe ich heute Neues ausprobiert oder einmal anders gemacht als sonst?

Für welche Erfahrung bin ich heute dankbar?

Nimm ein paar bewusste Atemzüge. Beim Einatmen zähle bis vier, beim Ausatmen bis sechs.

Ausklang

Blättere jetzt zurück zu deinem Lebensrad auf Seite 17 und trage mit einer neuen Farbe ein, wie zufrieden du dich nach diesen zwei Wochen im Bereich Freizeit fühlst. Vielleicht kannst du ja schon erste Veränderungen feststellen.

Diese Erfahrungen habe ich aus den letzten Tagen mitgenommen:

Notiere hier einfach alles, was dir beim Rückblick auf die vergangenen Tage durch den Kopf geht und wie es dir ergangen ist, was du gefühlt hast.

Gibt es Gewohnheiten, die dich in den letzten Tagen beeinflusst oder weitergebracht haben? Welche davon möchtest du auch zukünftig in dein Leben integrieren?

In den kommenden zwei Wochen liegt der Fokus auf dem Lebensbereich Beziehung & Partnerschaft. Also auf deinem Verhältnis zu den Menschen in deinem Umfeld, zum Beispiel Kollegen, Freunden oder Bekannten, zu denen du regelmäßig Kontakt hast.

Achtsamkeit in Beziehungen bedeutet: aktiv zuzuhören, die Gefühle des anderen zu respektieren und jedem mit Offenheit zu begegnen. Sei präsent, wenn du mit anderen Menschen zusammen bist. Du kannst zum Beispiel mehr Achtsamkeit in deine Beziehungen integrieren, indem ihr euch bewusst Zeit für »Quality Time« nehmt, regelmäßige Kommunikation pflegt und offen eure Wertschätzung füreinander ausdrückt. Sag zum Beispiel auch öfter einfach mal Danke.

Hinter diesem QR-Code findest du eine Metta-Meditation. Bei dieser besonderen Form der Meditation übst du dich in einer wohlwollenden Haltung gegenüber anderen und auch dir selbst. Sie kann dich vor allem nach einer Auseinandersetzung unterstützen, zur Ruhe zurückzukommen, die Situation aus einem anderen Blickwinkel zu betrachten und eine Lösung zu finden.

Einstieg

Mit welchen Menschen verbringe ich gerade die meiste Zeit?

In der Gegenwart welcher Menschen
bin ich am glücklichsten?

Was kann ich tun, um die Beziehung zu den Menschen,
die mir wichtig sind, zu stärken?

Gewohnheitensammler

Diese Gewohnheiten will ich in den nächsten Tagen umsetzen:

	mo	di	mi	do	fr	sa	so

Mein Marmeladenglasmoment

Was spüre ich in meinem Körper?

Welcher Gedanke beschäftigt mich gerade?

Wie fühle ich mich heute?

Beziehung & Partnerschaft

Wie konnte ich heute jemandem eine Freude machen?

Wem würde ich heute gern Danke sagen und wofür?

Umarme heute die Menschen, die du liebst.

Mein Marmeladenglasmoment

Was spüre ich in meinem Körper?

Welcher Gedanke beschäftigt mich gerade?

Wie fühle ich mich heute?

gedankenpause

Beziehung & Partnerschaft

Wie konnte ich heute jemandem eine Freude machen?

Wem würde ich heute gern Danke sagen und wofür?

Ich erlaube anderen zu sein, wie sie sind.

Mein Marmeladenglasmoment

Was spüre ich in meinem Körper?

Welcher Gedanke beschäftigt mich gerade?

Wie fühle ich mich heute?

Beziehung & Partnerschaft

Wie konnte ich heute jemandem eine Freude machen?

Wem würde ich heute gern Danke sagen und wofür?

Tanz es raus: Dreh deine Lieblingsmusik auf und tanze durch die Gegend.

Mein Marmeladenglasmoment

Was spüre ich in meinem Körper?

Welcher Gedanke beschäftigt mich gerade?

Wie fühle ich mich heute?

gedankenpause

Beziehung & Partnerschaft

Wie konnte ich heute jemandem eine Freude machen?

Wem würde ich heute gern Danke sagen und wofür?

Das Lächeln ist eine Kurve, die alles wieder geradebiegt.

Mein Marmeladenglasmoment

Was spüre ich in meinem Körper?

Welcher Gedanke beschäftigt mich gerade?

Wie fühle ich mich heute?

Beziehung & Partnerschaft

Wie konnte ich heute jemandem eine Freude machen?

Wem würde ich heute gern Danke sagen und wofür?

Sei der Grund, warum andere an das Gute in Menschen glauben.

Mein Marmeladenglasmoment

Was spüre ich in meinem Körper?

Welcher Gedanke beschäftigt mich gerade?

Wie fühle ich mich heute?

Beziehung & Partnerschaft

Wie konnte ich heute jemandem eine Freude machen?

Wem würde ich heute gern Danke sagen und wofür?

Ich lasse Dinge los, die nicht gut für mich sind.

Mein Marmeladenglasmoment

Was spüre ich in meinem Körper?

Welcher Gedanke beschäftigt mich gerade?

Wie fühle ich mich heute?

Beziehung & Partnerschaft

Wie konnte ich heute jemandem eine Freude machen?

Wem würde ich heute gern Danke sagen und wofür?

Welches Gefühl möchtest du heute gern loslassen? Packe es gedanklich in einen Luftballon und lass es in den Himmel hinaufsteigen.

Vertiefung

Welche Eigenschaften stören mich an anderen? Welche davon kann ich auch manchmal an mir selbst wahrnehmen?

Welcher Mensch hat den größten Einfluss auf mich und warum?

Mein Marmeladenglasmoment

Was spüre ich in meinem Körper?

Welcher Gedanke beschäftigt mich gerade?

Wie fühle ich mich heute?

Beziehung & Partnerschaft

Wie konnte ich heute jemandem eine Freude machen?

Wem würde ich heute gern Danke sagen und wofür?

Jeder Frühling erinnert uns daran, dass Veränderung schön sein kann.

Mein Marmeladenglasmoment

Was spüre ich in meinem Körper?

Welcher Gedanke beschäftigt mich gerade?

Wie fühle ich mich heute?

Beziehung & Partnerschaft

Wie konnte ich heute jemandem eine Freude machen?

Wem würde ich heute gern Danke sagen und wofür?

Ich bin die Quelle meines eigenen Glücks.

Mein Marmeladenglasmoment

Was spüre ich in meinem Körper?

Welcher Gedanke beschäftigt mich gerade?

Wie fühle ich mich heute?

Beziehung & Partnerschaft

Wie konnte ich heute jemandem eine Freude machen?

Wem würde ich heute gern Danke sagen und wofür?

Balle eine Faust mit deinen Händen und drücke so fest zu, wie du kannst. Lass dann wieder los und entspanne deine Finger. Wiederhole das fünfmal.

Mein Marmeladenglasmoment

Was spüre ich in meinem Körper?

Welcher Gedanke beschäftigt mich gerade?

Wie fühle ich mich heute?

gedankenpause

Beziehung & Partnerschaft

Wie konnte ich heute jemandem eine Freude machen?

Wem würde ich heute gern Danke sagen und wofür?

»Wenn du sprichst, wiederholst du nur etwas, das du schon weißt.
Wenn du zuhörst, lernst du vielleicht etwas Neues.«
Dalai Lama

Mein Marmeladenglasmoment

Was spüre ich in meinem Körper?

Welcher Gedanke beschäftigt mich gerade?

Wie fühle ich mich heute?

Beziehung & Partnerschaft

Wie konnte ich heute jemandem eine Freude machen?

Wem würde ich heute gern Danke sagen und wofür?

Am schönsten sind wir doch, wenn wir niemandem gefallen wollen.

Mein Marmeladenglasmoment

Was spüre ich in meinem Körper?

Welcher Gedanke beschäftigt mich gerade?

Wie fühle ich mich heute?

Beziehung & Partnerschaft

Wie konnte ich heute jemandem eine Freude machen?

Wem würde ich heute gern Danke sagen und wofür?

Ich vertraue darauf, dass alles zur richtigen Zeit und auf die richtige Weise geschieht.

Mein Marmeladenglasmoment

Was spüre ich in meinem Körper?

Welcher Gedanke beschäftigt mich gerade?

Wie fühle ich mich heute?

Beziehung & Partnerschaft

Wie konnte ich heute jemandem eine Freude machen?

Wem würde ich heute gern Danke sagen und wofür?

Achte heute bewusst darauf, wie du andere Menschen bewertest. Vielleicht nach ihrer Kleidung, ihrem Aussehen, ihrem Alter …? Wie reagierst du auf Fremde? Eher offen und positiv oder zurückhaltend und negativ?

Ausklang

Blättere jetzt zurück zu deinem Lebensrad auf Seite 17 und trage mit einer neuen Farbe ein, wie zufrieden du dich nach diesen zwei Wochen im Bereich Beziehung & Partnerschaft fühlst. Vielleicht kannst du ja schon erste Veränderungen feststellen.

Diese Erfahrungen habe ich aus den letzten Tagen mitgenommen:

Notiere hier einfach alles, was dir beim Rückblick auf die vergangenen Tage durch den Kopf geht und wie es dir ergangen ist, was du gefühlt hast.

Gibt es Gewohnheiten, die dich in den letzten Tagen beeinflusst oder weitergebracht haben? Welche davon möchtest du auch zukünftig in dein Leben integrieren?

In den nächsten beiden Wochen soll der Fokus ganz auf dir selbst liegen. Es geht einzig und allein um dich und dein Wohlbefinden.

Zeit mit dir selbst achtsam zu verbringen, kann bedeuten, dir jeden Tag ein paar Minuten ganz bewusst nur für dich zu nehmen, in denen nichts anderes sonst wichtig ist. Nimm wahr, was du gerade fühlst, was du brauchst, welche Gedanken dich beschäftigen, und verurteile dich nicht dafür. Tu etwas, was dir guttut. Vielleicht eine kleine Meditation, vielleicht hörst du dein Lieblingslied, vielleicht legst du dich für ein paar Minuten in die Sonne. Das verbessert deine Selbstwahrnehmung und dein Bewusstsein für deine eigenen Bedürfnisse und Wünsche.

Affirmationen können dir helfen, mehr Selbstvertrauen und Selbstakzeptanz aufzubauen. Deshalb findest du hinter diesem QR-Code eine Selbstmitgefühl-Meditation mit Affirmationen. Höre sie dir gern zu jeder Zeit und immer wieder an.

Einstieg

Das sind fünf Stärken von mir:

Wobei kann ich nach einem stressigen Tag am besten entspannen?

Dafür vergebe ich mir:

Gewohnheitensammler

Diese Gewohnheiten will ich in den nächsten Tagen umsetzen:

	mo	di	mi	do	fr	sa	so

Mein Marmeladenglasmoment

Was spüre ich in meinem Körper?

Welcher Gedanke beschäftigt mich gerade?

Wie fühle ich mich heute?

Zeit für mich

Was habe ich heute nur für mich gemacht?

Dafür möchte ich mir heute selbst Danke sagen:

Lass immer etwas Platz in deinem Herzen für das Unvorstellbare.

Mein Marmeladenglasmoment

Was spüre ich in meinem Körper?

Welcher Gedanke beschäftigt mich gerade?

Wie fühle ich mich heute?

Zeit für mich

Was habe ich heute nur für mich gemacht?

Dafür möchte ich mir heute selbst Danke sagen:

Ich öffne mich der Schönheit des Lebens.

Mein Marmeladenglasmoment

Was spüre ich in meinem Körper?

Welcher Gedanke beschäftigt mich gerade?

Wie fühle ich mich heute?

gedankenpause

Zeit für mich

Was habe ich heute nur für mich gemacht?

Dafür möchte ich mir heute selbst Danke sagen:

Summe heute einfach mal den Refrain des ersten Liedes, das dir in den Sinn kommt.

Mein Marmeladenglasmoment

Was spüre ich in meinem Körper?

Welcher Gedanke beschäftigt mich gerade?

Wie fühle ich mich heute?

Zeit für mich

Was habe ich heute nur für mich gemacht?

Dafür möchte ich mir heute selbst Danke sagen:

»Sei du selbst die Veränderung, die du dir wünschst für diese Welt.«
Mahatma Gandhi

Mein Marmeladenglasmoment

Was spüre ich in meinem Körper?

Welcher Gedanke beschäftigt mich gerade?

Wie fühle ich mich heute?

Zeit für mich

Was habe ich heute nur für mich gemacht?

Dafür möchte ich mir heute selbst Danke sagen:

Wer bist du, wenn du niemand sein musst?

Mein Marmeladenglasmoment

Was spüre ich in meinem Körper?

Welcher Gedanke beschäftigt mich gerade?

Wie fühle ich mich heute?

Zeit für mich

Was habe ich heute nur für mich gemacht?

Dafür möchte ich mir heute selbst Danke sagen:

Ich bin gut zu mir.

Mein Marmeladenglasmoment

Was spüre ich in meinem Körper?

Welcher Gedanke beschäftigt mich gerade?

Wie fühle ich mich heute?

Zeit für mich

Was habe ich heute nur für mich gemacht?

Dafür möchte ich mir heute selbst Danke sagen:

Versuche, eine Minute lang zu lachen (oder zumindest zu lächeln). Wie wirkt sich das auf deine Stimmung aus?

Vertiefung

Wann kann ich die Zeit mit mir selbst am meisten genießen? Was mache ich dabei?

Wie oft sage ich Ja zu etwas, obwohl ich es nicht will? Wann habe ich das das letzte Mal gemacht und warum? Was hätte ich stattdessen sagen können?

Mein Marmeladenglasmoment

Was spüre ich in meinem Körper?

Welcher Gedanke beschäftigt mich gerade?

Wie fühle ich mich heute?

Zeit für mich

Was habe ich heute nur für mich gemacht?

Dafür möchte ich mir heute selbst Danke sagen:

*Wenn du nicht bereit bist, an dich zu glauben –
wieso sollten es dann andere tun?*

Mein Marmeladenglasmoment

Was spüre ich in meinem Körper?

Welcher Gedanke beschäftigt mich gerade?

Wie fühle ich mich heute?

Zeit für mich

Was habe ich heute nur für mich gemacht?

Dafür möchte ich mir heute selbst Danke sagen:

Ich bin ruhig und ganz bei mir selbst.

Mein Marmeladenglasmoment

Was spüre ich in meinem Körper?

Welcher Gedanke beschäftigt mich gerade?

Wie fühle ich mich heute?

Zeit für mich

Was habe ich heute nur für mich gemacht?

Dafür möchte ich mir heute selbst Danke sagen:

Beim Einatmen denke an etwas Schönes. Beim Ausatmen stell dir vor, du lässt alle negativen Gefühle und Gedanken los.

Mein Marmeladenglasmoment

Was spüre ich in meinem Körper?

Welcher Gedanke beschäftigt mich gerade?

Wie fühle ich mich heute?

Zeit für mich

Was habe ich heute nur für mich gemacht?

Dafür möchte ich mir heute selbst Danke sagen:

Fühl mal, was du denkst, anstatt zu denken, was du fühlst.

Mein Marmeladenglasmoment

Was spüre ich in meinem Körper?

Welcher Gedanke beschäftigt mich gerade?

Wie fühle ich mich heute?

Zeit für mich

Was habe ich heute nur für mich gemacht?

Dafür möchte ich mir heute selbst Danke sagen:

Heute lasse ich alle negativen Gedanken ziehen.

Mein Marmeladenglasmoment

Was spüre ich in meinem Körper?

Welcher Gedanke beschäftigt mich gerade?

Wie fühle ich mich heute?

Zeit für mich

Was habe ich heute nur für mich gemacht?

Dafür möchte ich mir heute selbst Danke sagen:

Ich habe alles in mir, um glücklich zu sein.

Mein Marmeladenglasmoment

Was spüre ich in meinem Körper?

Welcher Gedanke beschäftigt mich gerade?

Wie fühle ich mich heute?

Zeit für mich

Was habe ich heute nur für mich gemacht?

Dafür möchte ich mir heute selbst Danke sagen:

Lege eine Hand auf dein Herz und versuche, deinen Herzschlag wahrzunehmen.

Ausklang

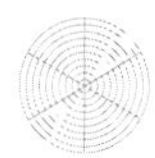

Blättere jetzt zurück zu deinem Lebensrad auf Seite 17 und trage mit einer neuen Farbe ein, wie zufrieden du dich nach diesen zwei Wochen im Bereich Zeit für mich fühlst. Vielleicht kannst du ja schon erste Veränderungen feststellen.

Diese Erfahrungen habe ich aus den letzten Tagen mitgenommen:

Notiere hier einfach alles, was dir beim Rückblick auf die vergangenen Tage durch den Kopf geht und wie es dir ergangen ist, was du gefühlt hast.

Gibt es Gewohnheiten, die dich in den letzten Tagen beeinflusst oder weitergebracht haben? Welche davon möchtest du auch zukünftig in dein Leben integrieren?

DIE HALBZEIT

Wow! Du bist bereits bei der Hälfte des Journals angekommen. Du kannst wirklich stolz auf dich sein.
Du hast jeden Lebensbereich nun einmal ganz bewusst durchlaufen, Erfahrungen gesammelt, Erkenntnisse gewonnen und vielleicht auch schon die eine oder andere erwünschte Gewohnheit fest in deinem Leben integriert.
Es ist an der Zeit, deine Erfolge zu feiern.

Blättere jetzt einmal zurück zu deinem Lebensrad auf Seite 17 und trage mit einer neuen Farbe deine aktuelle Zufriedenheit in jedem Bereich nach zwölf Wochen Journaling ein.
Vielleicht machen sich schon die ersten Veränderungen bemerkbar und du bist deinem Wunschzustand bereits ein Stückchen näher gekommen.

Du hast durch die letzten Wochen bereits eine solide Grundlage geschaffen und wirst nun die Möglichkeit haben, noch tiefgreifendere positive Veränderungen in deinem Leben zu erfahren.
Denke daran, dass Journaling ein Werkzeug ist, das dich auf lange Sicht unterstützt. Diese zweite Runde bietet dir die Möglichkeit, deine Gewohnheiten auszubauen. So kannst du dein Wohlbefinden und deine Zufriedenheit auch nachhaltig beeinflussen.
Nimm dir also erneut zwölf Wochen lang täglich Zeit, um deine Gedanken und Gefühle festzuhalten, um deine Dankbarkeit zu reflektieren und deine Achtsamkeitsübungen zu praktizieren.
Du verdienst es, in jedem Moment deines Lebens präsent zu sein und das Glück und die Erfüllung zu finden, die du dir wünschst.
Du bist auf einem großartigen Weg!

In den nächsten beiden Wochen widmen wir uns noch einmal dem Bereich Gesundheit & Körper.

Schau dir gern noch einmal deine Abschlussreflexion auf Seite 45 an und rufe dir ins Gedächtnis, welche Gewohnheiten dich dort besonders weitergebracht haben. Lege deinen Fokus in den nächsten Wochen wieder bewusst darauf, um an deine Erfolge anzuknüpfen.

Ist es dir bereits gelungen, erwünschte Gewohnheiten in dein Leben zu integrieren? Wenn ja, welche?

Was möchtest du in den nächsten zwei Wochen wieder genauso machen? Was möchtest du vielleicht verändern?

Deinen Bodyscan findest du wieder hinter dem QR-Code:

Einstieg

Was bedeutet mentale Gesundheit und
Ausgeglichenheit für mich?

Wann fühle ich mich am entspanntesten?
Wann bin ich so richtig »im Reinen« mit mir selbst?

Wodurch finde ich Entspannung nach einem stressigen Tag?
Was kann ich tun, um meinen Alltag zu entschleunigen
und öfter zu entspannen?

Gewohnheitensammler

Diese Gewohnheiten will ich in den nächsten Tagen umsetzen:

	mo	di	mi	do	fr	sa	so

Mein Marmeladenglasmoment

Was spüre ich in meinem Körper?

Welcher Gedanke beschäftigt mich gerade?

Wie fühle ich mich heute?

Gesundheit & Körper

Was habe ich heute Gutes für meine Gesundheit, für meinen Körper getan?

Wofür bin ich meinem Körper heute dankbar?

Wie sprichst du mit deinem Körper? Sei achtsam mit deiner inneren Stimme und sprich liebevoll und unterstützend mit ihm.

Mein Marmeladenglasmoment

Was spüre ich in meinem Körper?

Welcher Gedanke beschäftigt mich gerade?

Wie fühle ich mich heute?

Gesundheit & Körper

Was habe ich heute Gutes für meine Gesundheit, für meinen Körper getan?

Wofür bin ich meinem Körper heute dankbar?

Ich achte auf die Botschaften meines Körpers.

Mein Marmeladenglasmoment

Was spüre ich in meinem Körper?

Welcher Gedanke beschäftigt mich gerade?

Wie fühle ich mich heute?

Gesundheit & Körper

Was habe ich heute Gutes für meine Gesundheit, für meinen Körper getan?

Wofür bin ich meinem Körper heute dankbar?

Nimm dir an einem ruhigen Ort einen Moment Zeit, um deinem Körper Dankbarkeit zu zeigen. Schließe die Augen und denke an all die wunderbaren Dinge, die dein Körper täglich für dich tut. Sei dankbar für deine Sinne, deine Stärke, deine Gesundheit und all die Dinge, die dein Körper dir ermöglicht.

Mein Marmeladenglasmoment

Was spüre ich in meinem Körper?

Welcher Gedanke beschäftigt mich gerade?

Wie fühle ich mich heute?

Gesundheit & Körper

Was habe ich heute Gutes für meine Gesundheit, für meinen Körper getan?

Wofür bin ich meinem Körper heute dankbar?

»Wir leiden mehr in unserer Vorstellung als in der Realität.«
Seneca

Mein Marmeladenglasmoment

Was spüre ich in meinem Körper?

Welcher Gedanke beschäftigt mich gerade?

Wie fühle ich mich heute?

Gesundheit & Körper

Was habe ich heute Gutes für meine Gesundheit, für meinen Körper getan?

Wofür bin ich meinem Körper heute dankbar?

Wenn dich jemand fragt, wie es dir geht, denkst du dann darüber nach oder fühlst du in dich hinein?

Mein Marmeladenglasmoment

Was spüre ich in meinem Körper?

Welcher Gedanke beschäftigt mich gerade?

Wie fühle ich mich heute?

Gesundheit & Körper

Was habe ich heute Gutes für meine Gesundheit, für meinen Körper getan?

Wofür bin ich meinem Körper heute dankbar?

Ich nehme mir Zeit für meine Bedürfnisse.

Mein Marmeladenglasmoment

Was spüre ich in meinem Körper?

Welcher Gedanke beschäftigt mich gerade?

Wie fühle ich mich heute?

Gesundheit & Körper

Was habe ich heute Gutes für meine Gesundheit, für meinen Körper getan?

Wofür bin ich meinem Körper heute dankbar?

Steh auf und strecke langsam deinen Körper. Dehne Arme und Beine, recke dich nach oben und strecke dich zur Seite. Spüre jede Bewegung bewusst und achte auf die Empfindungen in deinem Körper.

Vertiefung

Was hilft mir dabei, negative Gedanken zu vertreiben?

Was habe ich in der letzten Woche nur für mich und mein Wohlbefinden getan?

Mein Marmeladenglasmoment

Was spüre ich in meinem Körper?

Welcher Gedanke beschäftigt mich gerade?

Wie fühle ich mich heute?

Gesundheit & Körper

Was habe ich heute Gutes für meine Gesundheit, für meinen Körper getan?

Wofür bin ich meinem Körper heute dankbar?

Wie gehst du für gewöhnlich damit um, wenn du krank bist? Versuchst du trotzdem, 100 Prozent zu geben, oder gönnst du deinem Körper die nötige Ruhe und Erholung?

Mein Marmeladenglasmoment

Was spüre ich in meinem Körper?

Welcher Gedanke beschäftigt mich gerade?

Wie fühle ich mich heute?

Gesundheit & Körper

Was habe ich heute Gutes für meine Gesundheit, für meinen Körper getan?

Wofür bin ich meinem Körper heute dankbar?

Ich wähle bewusst gesunde Gedanken.

Mein Marmeladenglasmoment

Was spüre ich in meinem Körper?

Welcher Gedanke beschäftigt mich gerade?

Wie fühle ich mich heute?

Gesundheit & Körper

Was habe ich heute Gutes für meine Gesundheit, für meinen Körper getan?

Wofür bin ich meinem Körper heute dankbar?

Immer wenn du dich in nächster Zeit dabei erwischst, wie du zwei oder noch mehr Dinge gleichzeitig machst, unterbrich es und mach eins nach dem anderen.

Mein Marmeladenglasmoment

Was spüre ich in meinem Körper?

Welcher Gedanke beschäftigt mich gerade?

Wie fühle ich mich heute?

Gesundheit & Körper

Was habe ich heute Gutes für meine Gesundheit, für meinen Körper getan?

Wofür bin ich meinem Körper heute dankbar?

»Das Leben ist wie Fahrrad fahren. Um das Gleichgewicht zu halten, musst du in Bewegung bleiben.«
Albert Einstein

Mein Marmeladenglasmoment

Was spüre ich in meinem Körper?

Welcher Gedanke beschäftigt mich gerade?

Wie fühle ich mich heute?

Gesundheit & Körper

Was habe ich heute Gutes für meine Gesundheit, für meinen Körper getan?

Wofür bin ich meinem Körper heute dankbar?

Ein tiefer Atemzug kann wie eine Liebeserklärung an deinen Körper sein.

Mein Marmeladenglasmoment

Was spüre ich in meinem Körper?

Welcher Gedanke beschäftigt mich gerade?

Wie fühle ich mich heute?

Gesundheit & Körper

Was habe ich heute Gutes für meine Gesundheit, für meinen Körper getan?

Wofür bin ich meinem Körper heute dankbar?

Mein Körper ist mein bester Freund.

Mein Marmeladenglasmoment

Was spüre ich in meinem Körper?

Welcher Gedanke beschäftigt mich gerade?

Wie fühle ich mich heute?

Gesundheit & Körper

Was habe ich heute Gutes für meine Gesundheit, für meinen Körper getan?

Wofür bin ich meinem Körper heute dankbar?

Suche dir ein Körperteil von dir aus und betrachte es liebevoll. Welche Funktion erfüllt dieser Teil deines Körpers in deinem Leben? Spüre die Wertschätzung und Dankbarkeit dafür und lass das Gefühl einen Moment lang in dir ruhen.

Ausklang

Was konntest du dir für deine Gesundheit & deinen Körper aus den letzten Wochen mitnehmen? Ist es dir leichtgefallen, achtsamer mit dir und deinem Körper umzugehen? Was willst du auch in Zukunft regelmäßig umsetzen und zum festen Bestandteil deines Alltags werden lassen?

Wie zufrieden bist du nach diesen Wochen im Bereich Gesundheit & Körper? Blättere zurück zu deinem Lebensrad auf Seite 17 und trage deine Linie mit einer neuen Farbe ein.

Nun siehst du alle vier Linien nebeneinander. Was kannst du dabei feststellen? Bist du deinem Wunschzustand näher gekommen? Gibt es Unregelmäßigkeiten? Wo siehst du vielleicht noch Potenzial, tiefer einzusteigen?

In den nächsten beiden Wochen widmen wir uns noch einmal dem Bereich Familie.

Schau dir gern noch einmal deine Abschlussreflexion auf Seite 63 an und rufe dir ins Gedächtnis, welche Gewohnheiten dich dort besonders weitergebracht haben. Lege deinen Fokus in den nächsten Wochen wieder bewusst darauf, um an deine Erfolge anzuknüpfen.

Ist es dir bereits gelungen, erwünschte Gewohnheiten in dein Leben zu integrieren? Wenn ja, welche?

Was möchtest du in den nächsten zwei Wochen wieder genauso machen? Was möchtest du vielleicht verändern?

Deine Meditation zum Loslassen schwieriger Emotionen findest du wieder hinter dem QR-Code:

Einstieg

Gibt es etwas, was ich meiner Familie gern sagen würde, mich aber nicht traue? Verstelle ich mich vielleicht in manchen Situationen?

Was hält mich davon ab, das zu sagen oder so zu sein, wie ich wirklich bin? Welches Gefühl hindert mich daran?

Was brauche ich von meiner Familie, um wirklich ich selbst sein zu können? Wie kann ich auch den Menschen in meiner Familie das Gefühl geben, dass sie ganz sie selbst sein dürfen?

Gewohnheitensammler

Diese Gewohnheiten will ich in den nächsten Tagen umsetzen:

	mo	di	mi	do	fr	sa	so

Mein Marmeladenglasmoment

Was spüre ich in meinem Körper?

Welcher Gedanke beschäftigt mich gerade?

Wie fühle ich mich heute?

Familie

Was habe ich heute getan, um die Verbindung zu meiner Familie zu stärken?

Welchem Familienmitglied bin ich heute dankbar und wofür?

Sei präsent und voller Liebe in der Gegenwart deiner Mitmenschen.

Mein Marmeladenglasmoment

Was spüre ich in meinem Körper?

Welcher Gedanke beschäftigt mich gerade?

Wie fühle ich mich heute?

gedankenpause

Familie

Was habe ich heute getan, um die Verbindung zu meiner Familie zu stärken?

Welchem Familienmitglied bin ich heute dankbar und wofür?

Mein Wert wird nicht von einer anderen Person definiert.

Mein Marmeladenglasmoment

Was spüre ich in meinem Körper?

Welcher Gedanke beschäftigt mich gerade?

Wie fühle ich mich heute?

Familie

Was habe ich heute getan, um die Verbindung zu meiner Familie zu stärken?

Welchem Familienmitglied bin ich heute dankbar und wofür?

Denke zurück an eine positive Erinnerung mit einem Familienmitglied. Schließe deine Augen und tauche in diese Erinnerung ein. Erinnere dich an die Gefühle, die mit dieser Erfahrung verbunden sind, und lass sie für einen Moment in deinem Herzen lebendig werden.

Mein Marmeladenglasmoment

Was spüre ich in meinem Körper?

Welcher Gedanke beschäftigt mich gerade?

Wie fühle ich mich heute?

gedankenpause

Familie

Was habe ich heute getan, um die Verbindung zu meiner Familie zu stärken?

Welchem Familienmitglied bin ich heute dankbar und wofür?

»Der Geist ist alles. Was du denkst, wirst du.«
Buddha

Mein Marmeladenglasmoment

Was spüre ich in meinem Körper?

Welcher Gedanke beschäftigt mich gerade?

Wie fühle ich mich heute?

Familie

Was habe ich heute getan, um die Verbindung zu meiner Familie zu stärken?

Welchem Familienmitglied bin ich heute dankbar und wofür?

Gemeinsame Erinnerungen begleiten uns ein Leben lang.
Erschaffe unvergessliche Momente.

Mein Marmeladenglasmoment

Was spüre ich in meinem Körper?

Welcher Gedanke beschäftigt mich gerade?

Wie fühle ich mich heute?

gedankenpause

Familie

Was habe ich heute getan, um die Verbindung zu meiner Familie zu stärken?

Welchem Familienmitglied bin ich heute dankbar und wofür?

Ich bin offen und empfänglich für alles Gute von außen.

Mein Marmeladenglasmoment

Was spüre ich in meinem Körper?

Welcher Gedanke beschäftigt mich gerade?

Wie fühle ich mich heute?

Familie

Was habe ich heute getan, um die Verbindung zu meiner Familie zu stärken?

Welchem Familienmitglied bin ich heute dankbar und wofür?

Erinnere dich in einem kurzen, mitfühlenden Moment daran, dass das Leben uns alle vor Herausforderungen stellt und dass du damit nicht allein bist. Schicke dir selbst liebevolle Gedanken, ähnlich wie du es einem Freund oder einer Freundin gegenüber tun würdest. Du darfst so sein, wie du bist.

Vertiefung

Wann oder wo fühle ich mich am meisten zu Hause?
Wie fühlt es sich an?

Wann habe ich das letzte Mal ehrliche Liebe empfunden und an was oder wen war sie gerichtet?

Mein Marmeladenglasmoment

Was spüre ich in meinem Körper?

Welcher Gedanke beschäftigt mich gerade?

Wie fühle ich mich heute?

Familie

Was habe ich heute getan, um die Verbindung zu meiner Familie zu stärken?

Welchem Familienmitglied bin ich heute dankbar und wofür?

Vertraue dir und deiner Intuition.

Mein Marmeladenglasmoment

Was spüre ich in meinem Körper?

Welcher Gedanke beschäftigt mich gerade?

Wie fühle ich mich heute?

gedankenpause

Familie

Was habe ich heute getan, um die Verbindung zu meiner Familie zu stärken?

Welchem Familienmitglied bin ich heute dankbar und wofür?

Ich bin frei, meine eigenen Entscheidungen zu treffen.

Mein Marmeladenglasmoment

Was spüre ich in meinem Körper?

Welcher Gedanke beschäftigt mich gerade?

Wie fühle ich mich heute?

Familie

Was habe ich heute getan, um die Verbindung zu meiner Familie zu stärken?

Welchem Familienmitglied bin ich heute dankbar und wofür?

Nimm dir kurz Zeit, um dich selbst zu reflektieren. Frage dich, wie es dir in deinen familiären Beziehungen geht und welche Bedürfnisse du hast. Sei ehrlich zu dir selbst.

Mein Marmeladenglasmoment

Was spüre ich in meinem Körper?

Welcher Gedanke beschäftigt mich gerade?

Wie fühle ich mich heute?

Familie

Was habe ich heute getan, um die Verbindung zu meiner Familie zu stärken?

Welchem Familienmitglied bin ich heute dankbar und wofür?

»Die Zukunft hängt davon ab, was wir heute tun.«
Mahatma Gandhi

Mein Marmeladenglasmoment

Was spüre ich in meinem Körper?

Welcher Gedanke beschäftigt mich gerade?

Wie fühle ich mich heute?

Familie

Was habe ich heute getan, um die Verbindung zu meiner Familie zu stärken?

Welchem Familienmitglied bin ich heute dankbar und wofür?

Du wirst nie wissen, ob du es kannst, wenn du es nicht versuchst.

Mein Marmeladenglasmoment

Was spüre ich in meinem Körper?

Welcher Gedanke beschäftigt mich gerade?

Wie fühle ich mich heute?

Familie

Was habe ich heute getan, um die Verbindung zu meiner Familie zu stärken?

Welchem Familienmitglied bin ich heute dankbar und wofür?

Vergebung schenkt mir Freiheit.

Mein Marmeladenglasmoment

Was spüre ich in meinem Körper?

Welcher Gedanke beschäftigt mich gerade?

Wie fühle ich mich heute?

Familie

Was habe ich heute getan, um die Verbindung zu meiner Familie zu stärken?

Welchem Familienmitglied bin ich heute dankbar und wofür?

Gehe in dich und frage dich: Was hast du heute in deinem Leben, was du dir vor einem Jahr noch gewünscht hättest? Spüre, wie dich die Dankbarkeit durchfließt, wenn du etwas gefunden hast.

Ausklang

Was konntest du dir für die Beziehung zu deiner Familie aus den letzten Wochen mitnehmen? Ist es dir leichtgefallen, Achtsamkeit in deinen Familienalltag zu integrieren? Was willst du auch in Zukunft regelmäßig umsetzen und zum festen Bestandteil deines Lebens werden lassen?

Wie zufrieden bist du nach diesen Wochen im Bereich Familie? Blättere zurück zu deinem Lebensrad auf Seite 17 und trage deine Linie mit einer neuen Farbe ein.

Nun siehst du alle vier Linien nebeneinander. Was kannst du dabei feststellen? Bist du deinem Wunschzustand näher gekommen? Gibt es Unregelmäßigkeiten? Wo siehst du vielleicht noch Potenzial, tiefer einzusteigen?

In den nächsten beiden Wochen dreht sich alles um Bildung & Beruf, also deine derzeitige »Hauptaufgabe« im Leben.

Schau dir gern noch einmal deine Abschlussreflexion auf Seite 81 an und rufe dir ins Gedächtnis, welche Gewohnheiten dich dort besonders weitergebracht haben. Lege deinen Fokus in den nächsten Wochen wieder bewusst darauf, um an deine Erfolge anzuknüpfen.

Ist es dir bereits gelungen, erwünschte Gewohnheiten in dein Leben zu integrieren? Wenn ja, welche?

Was möchtest du in den nächsten zwei Wochen wieder genauso machen? Was möchtest du vielleicht verändern?

Hier findest du deine Yoga-Übung für den körperlichen Ausgleich:

Einstieg

Wie erlebe ich aktuell die Unterstützung meines Umfelds bei meinem persönlichen Wachstum und meiner Weiterentwicklung?

Wo fühle ich mich ermutigt und gefördert? Wo habe ich vielleicht das Gefühl, dass ich ausgebremst werde?

Was brauche ich von meinem Umfeld, um mich kreativ und produktiv entfalten zu können? Was kann ich dazu beitragen, um mir dieses Umfeld zu schaffen?

Gewohnheitensammler

Diese Gewohnheiten will ich in den nächsten Tagen umsetzen:

	mo	di	mi	do	fr	sa	so

BILDUNG & BERUF

Mein Marmeladenglasmoment

Was spüre ich in meinem Körper?

Welcher Gedanke beschäftigt mich gerade?

Wie fühle ich mich heute?

Bildung & Beruf

Worauf bin ich heute stolz?

Was hat mir heute Freude bereitet?

Jede Entscheidung, die ich treffe, öffnet Räume voller Möglichkeiten.

Mein Marmeladenglasmoment

Was spüre ich in meinem Körper?

Welcher Gedanke beschäftigt mich gerade?

Wie fühle ich mich heute?

g e d a n k e n p a u s e

Bildung & Beruf

Worauf bin ich heute stolz?

Was hat mir heute Freude bereitet?

Ich erreiche meine Ziele mit Leichtigkeit und Freude.

Mein Marmeladenglasmoment

Was spüre ich in meinem Körper?

Welcher Gedanke beschäftigt mich gerade?

Wie fühle ich mich heute?

Bildung & Beruf

Worauf bin ich heute stolz?

Was hat mir heute Freude bereitet?

Stelle dich breitbeinig hin und stemme die Hände in die Hüften. Hebe deinen Kopf leicht an, schaue nach vorn und leicht nach oben. Bleibe in dieser Haltung für eine Minute. Wie fühlst du dich danach?

Mein Marmeladenglasmoment

Was spüre ich in meinem Körper?

Welcher Gedanke beschäftigt mich gerade?

Wie fühle ich mich heute?

gedankenpause

Bildung & Beruf

Worauf bin ich heute stolz?

Was hat mir heute Freude bereitet?

»Wenn du das, was du tust, liebst, wirst du erfolgreich sein.«
Konfuzius

Mein Marmeladenglasmoment

Was spüre ich in meinem Körper?

Welcher Gedanke beschäftigt mich gerade?

Wie fühle ich mich heute?

Bildung & Beruf

Worauf bin ich heute stolz?

Was hat mir heute Freude bereitet?

Ein Schritt zurück dient manchmal nur dem Anlauf.

Mein Marmeladenglasmoment

Was spüre ich in meinem Körper?

Welcher Gedanke beschäftigt mich gerade?

Wie fühle ich mich heute?

Bildung & Beruf

Worauf bin ich heute stolz?

Was hat mir heute Freude bereitet?

Ich muss nichts leisten, um liebenswert zu sein.

Mein Marmeladenglasmoment

Was spüre ich in meinem Körper?

Welcher Gedanke beschäftigt mich gerade?

Wie fühle ich mich heute?

Bildung & Beruf

Worauf bin ich heute stolz?

Was hat mir heute Freude bereitet?

Nimm drei kurze, schnelle Atemzüge hintereinander und atme dann ganz tief und langsam durch den Mund wieder aus. Wiederhole das ein paar Mal, bis du eine innere Entspannung spürst.

Vertiefung

Suche ich meine Passion eher im Beruf oder in der Freizeit?
Warum?

Was wollte ich als Kind einmal werden, wenn ich groß bin?
Was hat mich daran so begeistert?

Mein Marmeladenglasmoment

Was spüre ich in meinem Körper?

Welcher Gedanke beschäftigt mich gerade?

Wie fühle ich mich heute?

Bildung & Beruf

Worauf bin ich heute stolz?

Was hat mir heute Freude bereitet?

Manche Dinge enden, um Platz zu schaffen für Neues, Besseres.

Mein Marmeladenglasmoment

Was spüre ich in meinem Körper?

Welcher Gedanke beschäftigt mich gerade?

Wie fühle ich mich heute?

gedankenpause

Bildung & Beruf

Worauf bin ich heute stolz?

Was hat mir heute Freude bereitet?

Ich erschaffe mir ein erfülltes Leben.

Mein Marmeladenglasmoment

Was spüre ich in meinem Körper?

Welcher Gedanke beschäftigt mich gerade?

Wie fühle ich mich heute?

Bildung & Beruf

Worauf bin ich heute stolz?

Was hat mir heute Freude bereitet?

Suche dir irgendeinen Gegenstand aus, der gerade in deiner Nähe liegt. Richte deine ganze Aufmerksamkeit darauf – nimm Farbe, Form und Textur wahr. Lass deine Sinne den Gegenstand erfassen und sei präsent im Hier und Jetzt. Was fällt dir auf?

Mein Marmeladenglasmoment

Was spüre ich in meinem Körper?

Welcher Gedanke beschäftigt mich gerade?

Wie fühle ich mich heute?

Bildung & Beruf

Worauf bin ich heute stolz?

Was hat mir heute Freude bereitet?

Die Natur eilt nicht und doch wird alles erreicht.

Mein Marmeladenglasmoment

Was spüre ich in meinem Körper?

Welcher Gedanke beschäftigt mich gerade?

Wie fühle ich mich heute?

Bildung & Beruf

Worauf bin ich heute stolz?

Was hat mir heute Freude bereitet?

Nimm dir Zeit, auch die kleinen Erfolge zu feiern!

Mein Marmeladenglasmoment

Was spüre ich in meinem Körper?

Welcher Gedanke beschäftigt mich gerade?

Wie fühle ich mich heute?

gedankenpause

Bildung & Beruf

Worauf bin ich heute stolz?

Was hat mir heute Freude bereitet?

Ich gebe jeden Tag mein Bestes.

Mein Marmeladenglasmoment

Was spüre ich in meinem Körper?

Welcher Gedanke beschäftigt mich gerade?

Wie fühle ich mich heute?

Bildung & Beruf

Worauf bin ich heute stolz?

Was hat mir heute Freude bereitet?

Denke an etwas, wovon du wirklich überzeugt bist. An einen typischen Glaubenssatz, an dem du festhältst, zum Beispiel »Ich bin ungeduldig«. Und dann sage dir für zwei Minuten bewusst das Gegenteil. Achte darauf, wie sich das anfühlt und welche Gedanken dir dabei kommen.

Ausklang

Was konntest du dir im Bereich Bildung & Beruf aus den letzten Wochen mitnehmen? Ist es dir leichtgefallen, Achtsamkeit in deinen Berufsalltag zu integrieren? Was willst du auch in Zukunft regelmäßig umsetzen und zum festen Bestandteil deines Lebens werden lassen?

Wie zufrieden bist du nach diesen Wochen im Bereich Bildung & Beruf? Blättere zurück zu deinem Lebensrad auf Seite 17 und trage deine Linie mit einer neuen Farbe ein.

Nun siehst du alle vier Linien nebeneinander. Was kannst du dabei feststellen? Bist du deinem Wunschzustand näher gekommen? Gibt es Unregelmäßigkeiten? Wo siehst du vielleicht noch Potenzial, tiefer einzusteigen?

In den nächsten beiden Wochen rückt wieder der Lebensbereich Freizeit in den Fokus.

Schau dir gern noch einmal deine Abschlussreflexion auf Seite 99 an und rufe dir ins Gedächtnis, welche Gewohnheiten dich dort besonders weitergebracht haben. Lege deinen Fokus in den nächsten Wochen wieder bewusst darauf, um an deine Erfolge anzuknüpfen.

Ist es dir bereits gelungen, erwünschte Gewohnheiten in dein Leben zu integrieren? Wenn ja, welche?

Was möchtest du in den nächsten zwei Wochen wieder genauso machen? Was möchtest du vielleicht verändern?

Praktiziere hier noch einmal die Gehmeditation, gern bevor du beginnst. Sie hilft dir dabei, abzuschalten und den Fokus auf den Moment – weg von deinen To-dos – zu legen.

Einstieg

Wie würde ich gern von anderen Personen gesehen werden?

Stimmen meine Entscheidungen, mein Handeln und Tun mit der Person überein, die ich gern sein möchte? Tue ich manchmal etwas, was meinen Werten nicht entspricht? Wenn ja, warum?

Wenn ich die Person mit dem größten Selbstvertrauen auf Erden wäre: Was würde ich anders machen? Wann würde ich anders handeln und warum?

Gewohnheitensammler

Diese Gewohnheiten will ich in den nächsten Tagen umsetzen:

	mo	di	mi	do	fr	sa	so

Mein Marmeladenglasmoment

Was spüre ich in meinem Körper?

Welcher Gedanke beschäftigt mich gerade?

Wie fühle ich mich heute?

Freizeit

Was habe ich heute Neues ausprobiert oder einmal anders gemacht als sonst?

Für welche Erfahrung bin ich heute dankbar?

Nimm dir in den nächsten zwei Wochen täglich fünf Minuten Zeit – ganz ohne irgendwelche Störungen. Tue einfach nichts und nutze die Zeit, um deinen Tag zu verarbeiten. Schau, wie du dich dabei fühlst und welche Gedanken kommen.

Mein Marmeladenglasmoment

Was spüre ich in meinem Körper?

Welcher Gedanke beschäftigt mich gerade?

Wie fühle ich mich heute?

Freizeit

Was habe ich heute Neues ausprobiert oder einmal anders gemacht als sonst?

Für welche Erfahrung bin ich heute dankbar?

Ich bin erfolgreich in allem, was ich tue.

Mein Marmeladenglasmoment

Was spüre ich in meinem Körper?

Welcher Gedanke beschäftigt mich gerade?

Wie fühle ich mich heute?

Freizeit

Was habe ich heute Neues ausprobiert oder einmal anders gemacht als sonst?

Für welche Erfahrung bin ich heute dankbar?

Nimm dir Zeit für dich und für das, was dich glücklich macht.

Mein Marmeladenglasmoment

Was spüre ich in meinem Körper?

Welcher Gedanke beschäftigt mich gerade?

Wie fühle ich mich heute?

Freizeit

Was habe ich heute Neues ausprobiert oder einmal anders gemacht als sonst?

Für welche Erfahrung bin ich heute dankbar?

»Nicht die Glücklichen sind dankbar,
es sind die Dankbaren, die glücklich sind.«
Francis Bacon

Mein Marmeladenglasmoment

Was spüre ich in meinem Körper?

Welcher Gedanke beschäftigt mich gerade?

Wie fühle ich mich heute?

Freizeit

Was habe ich heute Neues ausprobiert oder einmal anders gemacht als sonst?

Für welche Erfahrung bin ich heute dankbar?

Entdecke neue Wege, um deiner Kreativität freien Lauf zu lassen.

Mein Marmeladenglasmoment

Was spüre ich in meinem Körper?

Welcher Gedanke beschäftigt mich gerade?

Wie fühle ich mich heute?

gedankenpause

Freizeit

Was habe ich heute Neues ausprobiert oder einmal anders gemacht als sonst?

Für welche Erfahrung bin ich heute dankbar?

Ich sorge liebevoll für mich.

Mein Marmeladenglasmoment

Was spüre ich in meinem Körper?

Welcher Gedanke beschäftigt mich gerade?

Wie fühle ich mich heute?

Freizeit

Was habe ich heute Neues ausprobiert oder einmal anders gemacht als sonst?

Für welche Erfahrung bin ich heute dankbar?

Gehe für einen kurzen Moment nach draußen oder stelle dich vor ein geöffnetes Fenster. Stehe ruhig und aufrecht und nimm die frische Luft wahr, spüre den Wind auf deiner Haut oder höre den Gesang der Vögel. Spüre die Ruhe und Gelassenheit, die die Natur ausstrahlt.

Vertiefung

So sieht ein perfekter Tag für mich aus, wenn ich nichts machen muss, aber alles machen kann:

Wann fühle ich mich so richtig lebendig? Bei welcher Tätigkeit bin ich im Flow?

Mein Marmeladenglasmoment

Was spüre ich in meinem Körper?

Welcher Gedanke beschäftigt mich gerade?

Wie fühle ich mich heute?

Freizeit

Was habe ich heute Neues ausprobiert oder einmal anders gemacht als sonst?

Für welche Erfahrung bin ich heute dankbar?

Findet dein Leben gerade mehr in der digitalen oder in der realen Welt statt?

Mein Marmeladenglasmoment

Was spüre ich in meinem Körper?

Welcher Gedanke beschäftigt mich gerade?

Wie fühle ich mich heute?

gedankenpause

Freizeit

Was habe ich heute Neues ausprobiert oder einmal anders gemacht als sonst?

Für welche Erfahrung bin ich heute dankbar?

Ich wachse an den Herausforderungen, die das Leben für mich bereithält.

Mein Marmeladenglasmoment

Was spüre ich in meinem Körper?

Welcher Gedanke beschäftigt mich gerade?

Wie fühle ich mich heute?

Freizeit

Was habe ich heute Neues ausprobiert oder einmal anders gemacht als sonst?

Für welche Erfahrung bin ich heute dankbar?

Welche Bewegung hast du schon lange nicht mehr gemacht? Spring einmal in die Luft, mach einen Hampelmann oder hüpfe ein paar Schritte im Hopserlauf. Wie fühlt sich das an?

Mein Marmeladenglasmoment

Was spüre ich in meinem Körper?

Welcher Gedanke beschäftigt mich gerade?

Wie fühle ich mich heute?

gedankenpause

Freizeit

Was habe ich heute Neues ausprobiert oder einmal anders gemacht als sonst?

Für welche Erfahrung bin ich heute dankbar?

Du bist deine Grenze und somit auch das Tor zu deiner Freiheit.

Mein Marmeladenglasmoment

Was spüre ich in meinem Körper?

Welcher Gedanke beschäftigt mich gerade?

Wie fühle ich mich heute?

Freizeit

Was habe ich heute Neues ausprobiert oder einmal anders gemacht als sonst?

Für welche Erfahrung bin ich heute dankbar?

Fülle dein Leben mit Erinnerungen. Nicht mit Dingen.

Mein Marmeladenglasmoment

Was spüre ich in meinem Körper?

Welcher Gedanke beschäftigt mich gerade?

Wie fühle ich mich heute?

Freizeit

Was habe ich heute Neues ausprobiert oder einmal anders gemacht als sonst?

Für welche Erfahrung bin ich heute dankbar?

Ich lasse los.

Mein Marmeladenglasmoment

Was spüre ich in meinem Körper?

Welcher Gedanke beschäftigt mich gerade?

Wie fühle ich mich heute?

Freizeit

Was habe ich heute Neues ausprobiert oder einmal anders gemacht als sonst?

Für welche Erfahrung bin ich heute dankbar?

Putze dir heute mit deiner nicht-dominanten Hand die Zähne. Indem du Gewohnheiten änderst, schulst du deine Achtsamkeit in alltäglichen Dingen.

Ausklang

Was konntest du dir für deine Freizeitgestaltung aus den letzten Wochen mitnehmen? Ist es dir leichtgefallen, Achtsamkeit in diesen Bereich zu bringen? Was willst du auch in Zukunft regelmäßig umsetzen und zum festen Bestandteil deines Alltags werden lassen?

Wie zufrieden bist du nach diesen Wochen im Bereich Bereich Freizeit? Blättere zurück zu deinem Lebensrad auf Seite 17 und trage deine Linie mit einer neuen Farbe ein.

Nun siehst du alle vier Linien nebeneinander. Was kannst du dabei feststellen? Bist du deinem Wunschzustand näher gekommen? Gibt es Unregelmäßigkeiten? Wo siehst du vielleicht noch Potenzial, tiefer einzusteigen?

In den kommenden zwei Wochen liegt der Fokus noch einmal auf dem Lebensbereich Beziehung & Partnerschaft.

Schau dir gern noch einmal deine Abschlussreflexion auf Seite 117 an und rufe dir ins Gedächtnis, welche Gewohnheiten dich dort besonders weitergebracht haben. Lege deinen Fokus in den nächsten Wochen wieder bewusst darauf, um an deine Erfolge anzuknüpfen.

Ist es dir bereits gelungen, erwünschte Gewohnheiten in dein Leben zu integrieren? Wenn ja, welche?

Was möchtest du in den nächsten zwei Wochen wieder genauso machen? Was möchtest du vielleicht verändern?

Hinter diesem QR-Code findest du die Metta-Meditation. Vielleicht gelingt es dir dieses Mal schon, eine liebevolle Haltung gegenüber einer fremden Person oder auch einer Person, mit der du eine Auseinandersetzung hattest, einzunehmen.

Einstieg

Kommuniziere ich meine Bedürfnisse gegenüber anderen Menschen klar und offen? Wenn nicht, was hält mich davon ab?

Was brauche ich (von mir und meinen Mitmenschen), um offen kommunizieren zu können?

Was kann ich selbst tun, um eine liebevolle und wertschätzende Kommunikation für mich und andere zu ermöglichen?

Gewohnheitensammler

Diese Gewohnheiten will ich in den nächsten Tagen umsetzen:

	mo	di	mi	do	fr	sa	so

Mein Marmeladenglasmoment

Was spüre ich in meinem Körper?

Welcher Gedanke beschäftigt mich gerade?

Wie fühle ich mich heute?

Beziehung & Partnerschaft

Wie konnte ich heute jemandem eine Freude machen?

Wem würde ich heute gern Danke sagen und wofür?

Wenn du an einer Person etwas toll findest, sag es ihr.

Mein Marmeladenglasmoment

Was spüre ich in meinem Körper?

Welcher Gedanke beschäftigt mich gerade?

Wie fühle ich mich heute?

Beziehung & Partnerschaft

Wie konnte ich heute jemandem eine Freude machen?

Wem würde ich heute gern Danke sagen und wofür?

Ich begegne allen Menschen mit Respekt.

Mein Marmeladenglasmoment

Was spüre ich in meinem Körper?

Welcher Gedanke beschäftigt mich gerade?

Wie fühle ich mich heute?

Beziehung & Partnerschaft

Wie konnte ich heute jemandem eine Freude machen?

Wem würde ich heute gern Danke sagen und wofür?

Suche heute einmal den direkten Blickkontakt zu einer lieben Person deiner Wahl. Nimm dir ein paar Augenblicke Zeit, um dich nur auf diesen Menschen zu konzentrieren. Schau ihm in die Augen und lächle ihm sanft zu.

Mein Marmeladenglasmoment

Was spüre ich in meinem Körper?

Welcher Gedanke beschäftigt mich gerade?

Wie fühle ich mich heute?

gedankenpause

Beziehung & Partnerschaft

Wie konnte ich heute jemandem eine Freude machen?

Wem würde ich heute gern Danke sagen und wofür?

»Wahre Liebe heißt auch, ohne den anderen vollkommen sein zu können.«
Unbekannt

Mein Marmeladenglasmoment

Was spüre ich in meinem Körper?

Welcher Gedanke beschäftigt mich gerade?

Wie fühle ich mich heute?

Beziehung & Partnerschaft

Wie konnte ich heute jemandem eine Freude machen?

Wem würde ich heute gern Danke sagen und wofür?

Höre deinem Gegenüber aufmerksam und wertschätzend zu, ohne zu urteilen.

Mein Marmeladenglasmoment

Was spüre ich in meinem Körper?

Welcher Gedanke beschäftigt mich gerade?

Wie fühle ich mich heute?

g e d a n k e n p a u s e

Beziehung & Partnerschaft

Wie konnte ich heute jemandem eine Freude machen?

Wem würde ich heute gern Danke sagen und wofür?

Ich darf Fehler machen.

Mein Marmeladenglasmoment

Was spüre ich in meinem Körper?

Welcher Gedanke beschäftigt mich gerade?

Wie fühle ich mich heute?

Beziehung & Partnerschaft

Wie konnte ich heute jemandem eine Freude machen?

Wem würde ich heute gern Danke sagen und wofür?

Nimm dir heute einen Moment Zeit, um einem Menschen eine liebevolle Umarmung zu geben. Umarme ihn bewusst und nimm die Wärme und Nähe wahr, die in diesem Moment entsteht. Spüre die Verbindung und das Gefühl von Zugehörigkeit, das eine Umarmung mit sich bringt.

Vertiefung

Was macht für mich eine gute Freundschaft aus?

Welchem Menschen fühle ich mich gerade am nächsten?

Mein Marmeladenglasmoment

Was spüre ich in meinem Körper?

Welcher Gedanke beschäftigt mich gerade?

Wie fühle ich mich heute?

Beziehung & Partnerschaft

Wie konnte ich heute jemandem eine Freude machen?

Wem würde ich heute gern Danke sagen und wofür?

Die Beziehung, die du zu dir selbst hast, ist die Grundlage für alle Beziehungen, die du eingehen wirst.

Mein Marmeladenglasmoment

Was spüre ich in meinem Körper?

Welcher Gedanke beschäftigt mich gerade?

Wie fühle ich mich heute?

Beziehung & Partnerschaft

Wie konnte ich heute jemandem eine Freude machen?

Wem würde ich heute gern Danke sagen und wofür?

Ich öffne mein Herz für die Güte anderer.

Mein Marmeladenglasmoment

Was spüre ich in meinem Körper?

Welcher Gedanke beschäftigt mich gerade?

Wie fühle ich mich heute?

Beziehung & Partnerschaft

Wie konnte ich heute jemandem eine Freude machen?

Wem würde ich heute gern Danke sagen und wofür?

Leg deine Hand auf deine Brust, in die Nähe deines Herzens, und schließe die Augen. Versuche, bewusst den Rhythmus deines Herzschlags zu spüren. Nimm wahr, wie sich dein Herzschlag anfühlt und wie er sich im Laufe der Übung vielleicht verändert.

Mein Marmeladenglasmoment

Was spüre ich in meinem Körper?

Welcher Gedanke beschäftigt mich gerade?

Wie fühle ich mich heute?

Beziehung & Partnerschaft

Wie konnte ich heute jemandem eine Freude machen?

Wem würde ich heute gern Danke sagen und wofür?

Sei der Mensch, dem du selbst gern begegnen würdest.

Mein Marmeladenglasmoment

Was spüre ich in meinem Körper?

Welcher Gedanke beschäftigt mich gerade?

Wie fühle ich mich heute?

Beziehung & Partnerschaft

Wie konnte ich heute jemandem eine Freude machen?

Wem würde ich heute gern Danke sagen und wofür?

Anstatt nach Perfektion zu suchen, versuche die Unvollkommenheiten deiner Mitmenschen anzunehmen und ihnen mit Mitgefühl zu begegnen – wir alle sind nicht perfekt.

Mein Marmeladenglasmoment

Was spüre ich in meinem Körper?

Welcher Gedanke beschäftigt mich gerade?

Wie fühle ich mich heute?

Beziehung & Partnerschaft

Wie konnte ich heute jemandem eine Freude machen?

Wem würde ich heute gern Danke sagen und wofür?

Ich bin die Sonne meines Lebens.

Mein Marmeladenglasmoment

Was spüre ich in meinem Körper?

Welcher Gedanke beschäftigt mich gerade?

Wie fühle ich mich heute?

Beziehung & Partnerschaft

Wie konnte ich heute jemandem eine Freude machen?

Wem würde ich heute gern Danke sagen und wofür?

Schau dir ein Bild von einem geliebten Menschen an. Betrachte es für einen Moment achtsam und spüre die Verbundenheit und die Erinnerungen. Fühle Dankbarkeit für die Person auf dem Foto und sende ihr in Gedanken liebevolle Wünsche.

Ausklang

Was konntest du dir für deine Beziehungen aus den letzten Wochen mitnehmen? Ist es dir leichtgefallen, achtsamer mit deinem sozialen Umfeld umzugehen? Was willst du auch in Zukunft regelmäßig umsetzen und zum festen Bestandteil deines Alltags werden lassen?

Wie zufrieden bist du nach diesen Wochen im Bereich Beziehungen & Partnerschaft? Blättere zurück zu deinem Lebensrad auf Seite 17 und trage deine Linie mit einer neuen Farbe ein.

Nun siehst du alle vier Linien nebeneinander. Was kannst du dabei feststellen? Bist du deinem Wunschzustand näher gekommen? Gibt es Unregelmäßigkeiten? Wo siehst du vielleicht noch Potenzial, tiefer einzusteigen?

In den abschließenden beiden Wochen konzentrierst du dich ganz auf dich und dein Wohlergehen.

Schau dir gern noch einmal deine Abschlussreflexion auf Seite 135 an und rufe dir ins Gedächtnis, welche Gewohnheiten dich dort besonders weitergebracht haben. Lege deinen Fokus in den nächsten Wochen wieder bewusst darauf, um an deine Erfolge anzuknüpfen.

Ist es dir bereits gelungen, erwünschte Gewohnheiten in dein Leben zu integrieren? Wenn ja, welche?

Was möchtest du in den nächsten zwei Wochen wieder genauso machen? Was möchtest du vielleicht verändern?

Wiederhole gern noch einmal die Affirmationen im Rahmen der Selbstmitgefühl-Meditation, bevor du loslegst. Du findest sie wieder hinter dem QR-Code.

Einstieg

Wie spreche ich über mich selbst – zu anderen,
aber auch zu mir? So würde ich mich für jemanden
beschreiben, der mich nicht kennt:

Wie fühle ich mich dabei, wenn ich meine Beschreibung über
mich selbst lese? Spreche ich eher gut oder schlecht über mich?

Wie würde mich mein bester Freund,
meine beste Freundin einer anderen Person beschreiben?
Stimmt die Beschreibung mit meiner eigenen überein?

Gewohnheitensammler

Diese Gewohnheiten will ich in den nächsten Tagen umsetzen:

	mo	di	mi	do	fr	sa	so

Mein Marmeladenglasmoment

Was spüre ich in meinem Körper?

Welcher Gedanke beschäftigt mich gerade?

Wie fühle ich mich heute?

Zeit für mich

Was habe ich heute nur für mich gemacht?

Dafür möchte ich mir heute selbst Danke sagen:

Plane die nächsten zwei Wochen jeden Tag bewusst eine Digital-Detox-Zeit ein (zum Beispiel kein Handy vor 8 Uhr und nach 20 Uhr).

Mein Marmeladenglasmoment

Was spüre ich in meinem Körper?

Welcher Gedanke beschäftigt mich gerade?

Wie fühle ich mich heute?

Zeit für mich

Was habe ich heute nur für mich gemacht?

Dafür möchte ich mir heute selbst Danke sagen:

Ich bin stark und selbstbewusst.

Mein Marmeladenglasmoment

Was spüre ich in meinem Körper?

Welcher Gedanke beschäftigt mich gerade?

Wie fühle ich mich heute?

Zeit für mich

Was habe ich heute nur für mich gemacht?

Dafür möchte ich mir heute selbst Danke sagen:

Achte auf deine Atmung – sie ist dein Anker, um im Hier und Jetzt präsent zu sein.

Mein Marmeladenglasmoment

Was spüre ich in meinem Körper?

Welcher Gedanke beschäftigt mich gerade?

Wie fühle ich mich heute?

gedankenpause

Zeit für mich

Was habe ich heute nur für mich gemacht?

Dafür möchte ich mir heute selbst Danke sagen:

»Glücklich sein ist der Weg. Das Glück liegt in uns, nicht in den Dingen.«
Buddha

Mein Marmeladenglasmoment

Was spüre ich in meinem Körper?

Welcher Gedanke beschäftigt mich gerade?

Wie fühle ich mich heute?

Zeit für mich

Was habe ich heute nur für mich gemacht?

Dafür möchte ich mir heute selbst Danke sagen:

Wann hast du dir selbst das letzte Mal etwas geschenkt?

Mein Marmeladenglasmoment

Was spüre ich in meinem Körper?

Welcher Gedanke beschäftigt mich gerade?

Wie fühle ich mich heute?

gedankenpause

Zeit für mich

Was habe ich heute nur für mich gemacht?

Dafür möchte ich mir heute selbst Danke sagen:

Ich akzeptiere meine Grenzen.

Mein Marmeladenglasmoment

Was spüre ich in meinem Körper?

Welcher Gedanke beschäftigt mich gerade?

Wie fühle ich mich heute?

Zeit für mich

Was habe ich heute nur für mich gemacht?

Dafür möchte ich mir heute selbst Danke sagen:

Nimm ein paar tiefe Atemzüge und spüre dabei die Bewegung deiner Schultern und deines Brustkorbs.

Vertiefung

Was mag ich am liebsten an mir und warum?

Das wünsche ich meinem zehnjährigen Ich:

Mein Marmeladenglasmoment

Was spüre ich in meinem Körper?

Welcher Gedanke beschäftigt mich gerade?

Wie fühle ich mich heute?

Zeit für mich

Was habe ich heute nur für mich gemacht?

Dafür möchte ich mir heute selbst Danke sagen:

Wann hast du dir das letzte Mal die Zeit genommen, jemandem zu beschreiben, wie es dir wirklich geht?

Mein Marmeladenglasmoment

Was spüre ich in meinem Körper?

Welcher Gedanke beschäftigt mich gerade?

Wie fühle ich mich heute?

Zeit für mich

Was habe ich heute nur für mich gemacht?

Dafür möchte ich mir heute selbst Danke sagen:

Ich entscheide mich bewusst, heute glücklich zu sein.

Mein Marmeladenglasmoment

Was spüre ich in meinem Körper?

Welcher Gedanke beschäftigt mich gerade?

Wie fühle ich mich heute?

Zeit für mich

Was habe ich heute nur für mich gemacht?

Dafür möchte ich mir heute selbst Danke sagen:

Schließe die Augen und spüre bewusst in deinen Körper hinein. Lass gezielt jegliche Anspannung los, indem du zulässt, dass sich deine Muskeln lockern. Beginne am Kopf und entspanne nacheinander Gesicht, Schultern, Arme, Beine und Füße. Genieße das Gefühl der Entspannung in deinem Körper.

Mein Marmeladenglasmoment

Was spüre ich in meinem Körper?

Welcher Gedanke beschäftigt mich gerade?

Wie fühle ich mich heute?

Zeit für mich

Was habe ich heute nur für mich gemacht?

Dafür möchte ich mir heute selbst Danke sagen:

»Das Leben ist kein Problem, das gelöst werden muss, sondern eine Wirklichkeit, die erfahren werden muss.«
Søren Kierkegaard

Mein Marmeladenglasmoment

Was spüre ich in meinem Körper?

Welcher Gedanke beschäftigt mich gerade?

Wie fühle ich mich heute?

Zeit für mich

Was habe ich heute nur für mich gemacht?

Dafür möchte ich mir heute selbst Danke sagen:

Vertraue heute ganz bewusst auf dein Bauchgefühl.

Mein Marmeladenglasmoment

Was spüre ich in meinem Körper?

Welcher Gedanke beschäftigt mich gerade?

Wie fühle ich mich heute?

Zeit für mich

Was habe ich heute nur für mich gemacht?

Dafür möchte ich mir heute selbst Danke sagen:

Ich tue heute das, was mir ein gutes Gefühl gibt.

Mein Marmeladenglasmoment

Was spüre ich in meinem Körper?

Welcher Gedanke beschäftigt mich gerade?

Wie fühle ich mich heute?

Zeit für mich

Was habe ich heute nur für mich gemacht?

Dafür möchte ich mir heute selbst Danke sagen:

Gehe barfuß auf heißem Steinboden, auf einer nassen Wiese oder im Schnee. Nimm bewusst das Gefühl an deinen Fußsohlen wahr.

Ausklang

Was konntest du dir für dich und dein Wohlbefinden aus den letzten Wochen mitnehmen? Ist es dir leichtgefallen, achtsamer mit dir zu sein? Was willst du auch in Zukunft regelmäßig umsetzen und zum festen Bestandteil deines Alltags werden lassen?

Wie zufrieden bist du nach diesen Wochen im Bereich Zeit für mich? Blättere zurück zu deinem Lebensrad auf Seite 17 und trage deine Linie mit einer neuen Farbe ein.

Nun siehst du alle vier Linien nebeneinander. Was kannst du dabei feststellen? Bist du deinem Wunschzustand näher gekommen? Gibt es Unregelmäßigkeiten? Wo siehst du vielleicht noch Potenzial, tiefer einzusteigen?

DER AUSKLANG

Halte inne und feiere dich!

Nimm dir genau jetzt einen Moment Zeit, um mächtig stolz auf dich zu sein. Du hast dich in den vergangenen Wochen sehr viel mit Achtsamkeit in den unterschiedlichsten Lebensbereichen beschäftigt und dich selbst, deinen Körper und dein Umfeld besser kennengelernt. Das ist großartig – lass es einmal auf dich wirken.

Gleichzeitig hast du dir eine riesige Sammlung an Marmeladenglasmomenten erschaffen, die du dir immer wieder durchlesen und so in Erinnerung rufen kannst.

Reflektiere noch mal, lies dir einzelne Fragen und deine Antworten dazu durch. Wer weiß, vielleicht würdest du heute schon anders antworten. Vielleicht kannst du die Veränderung wahrnehmen.

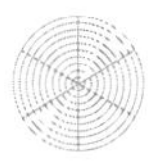

Jetzt ist auch der Zeitpunkt gekommen, an dem du dir noch einmal dein vollständiges Lebensrad anschauen kannst. Du hast nun in jedem Bereich vier verschiedene Linien, die jeweils einen unterschiedlichen Punkt in deinem Leben symbolisieren. Wie hat sich deine Zufriedenheit mit den einzelnen Lebensbereichen in den letzten Wochen verändert? Wo kannst du die größten Erfolge feststellen?

In diesem Journal kannst du immer wieder nachschlagen und dir Anregungen für mehr Achtsamkeit in deinem Leben holen.

Eines ist definitiv sicher: Du hast dir einen stabilen Grundstock für ein achtsameres und glücklicheres Leben aufgebaut – du für dich. Dafür kannst du dir selbst unglaublich dankbar sein.

Meine Notizen

Hier findest du Platz für deine abschließenden Gedanken:

MEINE NOTIZEN

MEINE NOTIZEN

MEINE NOTIZEN

MEINE NOTIZEN

Quellen

1 Tolcher, K.; Cauble, M.; Downs, A. (2022). Evaluating the effects of gratitude interventions on college student well-being. In: Journal of American College Health, 5(27), 1–5.

2 Charles, J. P. (2010). Journaling: Creating Space for »I«. In: Creative Nursing, 16(4), 180–184.

3 Dimitroff, L. J.; Sliwoski, L.; O'Brian, S.; Nichols, L. (2016). »Change your life through journaling. The benefits of journaling for registered nurses.« In: Journal of Nursing Education and Practice, 7, 90.

4 Fritson, K. K. (2008). Impact of journaling on students' self-efficacy and locus of control. In: A Journal of Scholarly Teaching, 3, 75–83.

5 Tolcher, K.; Cauble, M.; Downs, A. (2022). Evaluating the effects of gratitude interventions on college student well-being. In: Journal of American College Health, 5(27), 1–5. Und: Bierbrauer, A.; Fellner, M.-C.; Heinen, R.; Wolf, O. T.; Axmacher, N. (2021). The memory trace of a stressful episode. In: Current Biology, 31, 5204–5213.

6 Emmons, R.A.; McCullough, M.E. (2007). The Psychology of Gratitude, Oxford University Press: New York, NY, USA.

7 Hölzel, B. K.; Carmody, J.; Vangel, M.; Congleton, C.; Yerramsetti, S.; Gard, T.; Lazar, S. (2011). Mindfulness practice leads to increases in regional brain gray matter density. In: Psychiatry Research: Neuroimaging, 191(1), 36–43.

8 Rowland, Z.; Wenzel, M.; Kubiak, T. (2020). A mind full of happiness: How mindfulness shapes affect dynamics in daily life. In: Emotion, 20(3), 436–451.

9 Hölzel, B.; Lazar, S.; Gard, T.; Schuman-Olivier, Z.; Vago, D.; Ott, U. (2011). How Does Mindfulness Meditation Work? Proposing Mechanisms of Action From a Conceptual and Neural Perspective. In: Perspectives on Psychological Science, 6(6), 537–559.

10 Treves, I.; Tello, L.; Davidson, R.; Goldberg, S. (2019). The relationship between mindfulness and objective measures of body awareness: A meta-analysis. In: Scientific Reports, 9(1), 17386.

11 Brown, K.; Ryan, R.; Creswell, J. (2007). Mindfulness: Theoretical Foundations and Evidence for its Salutary Effects. In: Psychological Inquiry, 18(4), 211–237.

12 Boelen, P.; Lenferink, L. (2017). Experiential acceptance and trait-mindfulness as predictors of analogue post-traumatic stress. In: Psychology and Psychotherapy, 91(1), 1–14.

13 Khoury, B.; Sharma, M.; Rush, S.; Fournier, C. (2015). Mindfulness-based stress reduction for healthy individuals: A meta-analysis. In: Journal of Psychosomatic Research, 78(6), 519–28.

14 Waldinger, R. Harvard Study of Adult Development. https://www.adultdevelopmentstudy.org (zuletzt abgerufen am 28. Juni 2023).

Die Achtsamkeitsakademie

PETER BEER – DER GRÜNDER

»Durch meinen eigenen Weg habe ich gelernt, dass es möglich ist, sich aus seinem Leid zu befreien. Dass wir – auch wenn es nicht danach aussieht – wieder zurück zu einem ausgeglichenen und glücklichen Leben finden können. Dieses Wissen möchte ich gern in die Welt hinaustragen, um damit alle zu erreichen, die offen dafür sind. Deshalb habe ich ein Zuhause dafür geschaffen, auf das jeder von allen Orten der Welt zugreifen kann: die Achtsamkeitsakademie.«

DEIN ZUHAUSE FÜR INNEREN FRIEDEN

Die Achtsamkeitsakademie ist ein Ort, an dem wir dich dabei unterstützen, deinen ganz eigenen Weg zu dir selbst zu finden. Ein Ort, an dem du ankommen und dich selbst kennenlernen kannst. Wir geben dir das Wissen über Achtsamkeit und Meditation an die Hand, mit dem du dich auf den Weg in ein ausgeglichenes und glückliches Leben machen kannst.

Mittlerweile sind wir die größte Achtsamkeits-Community im deutschsprachigen Raum, was bedeutet, dass du dich in der Akademie viel mit anderen Menschen austauschen und Kontakte knüpfen kannst, wenn du das willst.

achtsamkeitsakademie.de

Achtsamkeitsakademie

Achtsamkeitsakademie

Mit Achtsamkeit Stress und Angst überwinden

336 Seiten. ISBN 978-3-442-34277-8
Auch als E-Book und Download erhältlich

Peter Beers Vision: Meditieren soll das neue Joggen werden. In seinem Meditations-Guide zeigt Peter Schritt für Schritt, wie wir im Lotossitz wieder zu uns selbst finden, emotionale Tiefs überwinden, negative Glaubenssätze loslassen und aus miesen Tagen gute machen.

384 Seiten. ISBN 978-3-442-34282-2
Auch als Hörbuch, Download und E-Book erhältlich

Wer unter Panikattacken und Angststörungen leidet, fühlt sich ausgeliefert, ohnmächtig, beschämt. Peter Beer kennt diese belastenden Ausnahmezustände nur zu gut. Aus seinem erfolgreichen Weg hat Peter ein hochwirksames Anti-Angst-Achtsamkeitsprogramm entwickelt.